Geschichte

Sachsen-Anhalt

Entdecken und Verstehen 6

Herausgegeben von
Dr. Thomas Berger-v. d. Heide
Prof. Dr. Hans-Gert Oomen

Vom Reich der Deutschen bis zum Ausgang des Mittelalters

Herausgegeben von
Prof. Dr. Hans-Gert Oomen

Bearbeitet von
Dr. Thomas Berger-v. d. Heide
Petra Bowien
Peter Brokemper
Ilse Lerch-Hennig
Bettina Mende
Prof. Dr. Hans-Gert Oomen
Erika Sonneck
Manfred Thiedemann

Beratende Mitarbeit
Bettina Mende, Salzwedel

Cornelsen

Redaktion: Gisela Veerkamp
Bildassistenz: Christina Sandig
Karten und Illustrationen: Klaus Becker, Oberursel;
Thomas Binder, Magdeburg; Volkhard Binder, Berlin;
Carlos Borrell Eiköter, Berlin; Elisabeth Galas, Bad Breisig;
Peter Kast, Schwerin; Michael Teßmer, Hamburg; Hans Wunderlich, Berlin
Umschlaggestaltung: Klein & Halm Grafikdesign, Berlin
Layoutkonzept: Simone Siegel, Mike Mielitz
Technische Umsetzung: zweiband.media, Berlin

Das Umschlagbild zeigt das Schloss Bernburg (Salzlandkreis).

www.cornelsen.de

1. Auflage, 8. Druck 2024

Alle Drucke dieser Auflage sind inhaltlich unverändert
und können im Unterricht nebeneinander verwendet werden.

Druck: GZH d.o.o., Zagreb

ISBN 978-3-06-064749-1

PEFC
PEFC/01-31-1188

PEFC-zertifiziert
Dieses Produkt stammt aus nachhaltig bewirtschafteten Wäldern und kontrollierten Quellen
www.pefc.de

Liebe Schülerinnen und Schüler!
Im ersten Band eures Schulbuchs habt ihr etwas erfahren können über die frühe Geschichte der Menschheit. Dieser Band zeigt euch, wie die Menschen im Mittelalter gelebt haben, mit welchen Schwierigkeiten sie sich abmühen mussten, was ihnen wichtig war, für was sie gekämpft haben und wie sich ihr Leben auch immer wieder verändert hat.

Lernen macht natürlich mehr Spaß, wenn man etwas selber herausfinden kann. Ihr findet daher in diesem Buch neben den Texten auch zahlreiche Bilder und Berichte der damals lebenden Menschen. Wir bezeichnen sie als Quellen. Ihr erkennt sie an einem „Q“ und einem Farbstreifen. Texte von Geschichtsforschern haben ein „M“ und ebenfalls den Farbstreifen.
Außerdem gibt es noch viele spannende Seiten, z. B.:

Schauplatz Geschichte: Auf der Burg

Methode: Bauwerke erkunden und erklären

Werkstatt Geschichte: Vor dem Rat der Stadt

Mithilfe der Situations- und Rollenkarten könnt ihr ein Rollenspiel durchführen.

1 *Beschreibt anhand der Situationskarte die Ausgangslage.*
2 *Verteilt die Rollen. Benennt Spieler und Beobachter.*
Die Spieler bereiten sich auf das Rollenspiel vor, indem sie die Ausgangslage und das Verhalten der einzelnen Personen mithilfe der Rollenkarten besprechen.
Für eine Rolle werden zwei bis drei Spielbeobachter eingeteilt. Diese achten während des Spiels darauf,

3 *Abschließend wertet ihr gemeinsam das Spiel aus:*
– *Worum ging es?*
– *Welche Rollen spielten die Einzelnen, wie verhielten sie sich?*
– *Wie entwickelte sich die Handlung?*
– *Wie haben sich die Spieler gefühlt?*
– *Wurden sie von den Beobachtern verstanden?*
– *Welche Fragen sind entstanden?*
– *Wie war/ist die Wirklichkeit?*
– *Soll nochmal gespielt werden?*

Check: Das solltet ihr wissen

Arbeitsbegriffe
✓ Stand
✓ Grundherrschaft
✓ mittelalterliches Alltagsleben
✓ Sachsenspiegel
✓ Ostsiedlung
✓ Ritter

Und jetzt – viel Spaß beim Lesen und Lernen mit eurem neuen Geschichtsbuch.

Inhaltsverzeichnis

Inhaltsverzeichnis

1. Das Reich der Deutschen unter Otto I.

768–814	919	936
HERRSCHAFT KARLS DES GROSSEN	DAS REICH DER DEUTSCHEN ENTSTEHT	OTTO I. WIRD KÖNIG

Zur Zeit Kaiser Karls des Großen war Magdeburg, die „große Burg", ein weitgehend unbekannter Ort. Doch nur etwas mehr als einhundert Jahre später gehörte Magdeburg zu den bedeutendsten Städten in Europa, „Rom des Ostens" nannte man sie.
Ihren beispiellosen Aufstieg verdankte sie König Otto I., geboren im Jahre 912 in Wallhausen im heutigen Sachsen-Anhalt. Im Jahre 962 wurde er in Rom zum Kaiser gekrönt.
Das Heilige Römische Reich Deutscher Nation war entstanden. Seit dieser Zeit bis zum Jahre 1806 wurde die Kaiserwürde immer nur an deutsche Könige verliehen.
Im Magdeburger Dom ist ein Herrscherpaar dargestellt. Vermutlich handelt es sich um Königin Editha und ihren Gemahl König Otto I., der sein ganzes Leben lang das Gebiet des heutigen Sachsen-Anhalt und vor allem Magdeburg zum Zentrum seiner Herrschaft ausbaute.

950–1250	955	962
KUNSTSTIL DER ROMANIK	SIEG ÜBER DIE UNGARN	KAISERKRÖNUNG OTTOS I.

Vom Frankenreich zum Reich der Deutschen

1 **Sachsen zur Zeit Karls des Großen.**

Germanen – die neuen Herrscher

Nach dem Tod des Kaisers Augustus im Jahre 14 n. Chr. bestand das Römische Reich noch über 400 Jahre. Doch die Grenzen, die Kaiser Augustus angelegt hatte, waren längst nicht mehr sicher. Aus dem Norden drangen schon seit dem 3. Jahrhundert n. Chr. germanische Stämme nach Süden vor. Überbevölkerung, Überschwemmungen, Missernten und Hungersnöte hatten sie gezwungen, ihre Heimatgebiete zu verlassen. Viele lockten sicher auch das milde Klima des Südens und Berichte über den Reichtum im Römischen Reich. Immer wieder kam es an den Grenzen zu kriegerischen Zwischenfällen zwischen Römern und Germanen, die auf ihren Beutezügen römische Gebiete plünderten.

Zu den germanischen Stämmen gehörten auch die Franken*. Unter ihrem König Chlodwig vertrieben sie im Jahre 486 den letzten römischen Statthalter aus Gallien (etwa Gebiet des heutigen Frankreich). Es entstand das Frankenreich.

Zum mächtigsten König des Frankenreiches wurde Karl* (768–814), den schon seine Zeitgenossen „den Großen“ nannten. Unter ihm erreichte das Frankenreich seine größte Ausdehnung.

Karl führt Krieg gegen die Sachsen*

Im 8. Jahrhundert n. Chr. beherrschten die Sachsen weite Teile des heutigen Norddeutschland (siehe Karte). Gegen die Ausdehnung des fränkischen Reiches auf ihr Gebiet leisteten sie über 30 Jahre erbitterten Widerstand. Sie wussten, dass Karl der Große sie zwingen wollte, den christlichen Glauben anzunehmen. Schon im Jahre 782 hatte Karl nämlich bestimmt:

Q1 … 8. Wer noch ungetauft ist und es unterlässt, zur Taufe zu kommen, weil er Heide* bleiben möchte, wird mit dem Tode bestraft …

17. Jeder Sachse soll den zehnten Teil seines Besitzes den Kirchen und Priestern geben …

Diese harten Maßnahmen Karls wollten die Sachsen nicht hinnehmen. Doch die Übermacht der fränkischen Truppen war zu groß. Im Jahre 804 mussten sich auch die letzten sächsischen Krieger geschlagen geben. Sachsen wurde jetzt endgültig zu einem Teil des Frankenreiches.

1 *Spielt folgende Szene: Ein Franke und ein Sachse unterhalten sich über die Anordnungen Karls des Großen.*

Franken*:
Germanisches Volk. Der Name bedeutet „die Freien“ oder „die Kühnen“. Ihr Name wurde erstmals im 3. Jh. n. Chr. in römischen Quellen erwähnt. Unter ihrem König Chlodwig I. entstand das Fränkische Reich, aus dem später das Ostfränkische und das Westfränkische Reich (Frankreich) hervorgingen. Das ostfränkische Reich wurde später das „Heilige Römische Reich Deutscher Nation“ bzw. das „Reich der Deutschen“.

Karl der Große* *(747/48–814): Karl übernahm 771 allein die Regierung des Frankenreiches. 800 wurde er in Rom zum Kaiser gekrönt.*

Sachsen*:
Zusammenschluss von westgermanischen Stämmen, der sich vermutlich im 3. Jh. n. Chr. bildete. Die Sachsen siedelten im Nordwesten des heutigen Deutschland (etwa im Gebiet des heutigen Niedersachsen, in Teilen Nordrhein-Westfalens und Sachsen-Anhalts, siehe Karte 1).

772–804:
Sachsenkriege

Vom Frankenreich zum Reich der Deutschen

2 **Der Frankenkönig Karl, umgeben von seinen Beratern.** Mittelalterliche Buchmalerei, 11. Jahrhundert.

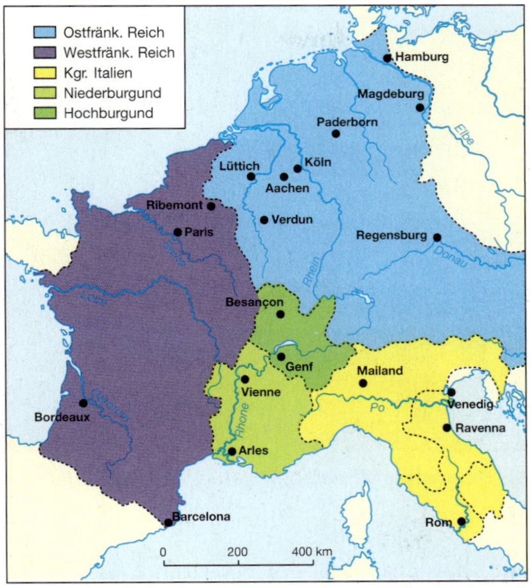

3 **In der zweiten Hälfte des 9. Jahrhunderts zerfällt das Frankenreich.**

2 *Erklärt mithilfe der Karte 1, welche Folgen die Herrschaft Karls des Großen für die Sachsen hatte.*

Karl der Große wird Kaiser

Am Ende des 8. Jahrhunderts war Karl der mächtigste Herrscher in Europa. Ein unbekannter Verfasser schrieb damals:

Q2 … Der König Karl übertrifft alle Könige auf der ganzen Welt an Würde … König Karl, das Haupt der Welt …, die bewundernswerte Spitze Europas, der beste Vater, der Held, der Augustus …

Am Weihnachtsfest im Jahre 800 n. Chr. krönte ihn der Papst in Rom zum Kaiser. Damit wurde aus dem fränkischen König ein römischer Kaiser. Er regierte ein Reich, das weite Teile des heutigen Europa umfasste. In diesem Reich ließ er eine einheitliche Währung, Schrift und Gewichtsmaße einführen. Gemeinsam war allen Untertanen auch der christliche Glaube. Zu Recht gilt Karl der Große deshalb als „Vater Europas".

3 *Berichtet anhand von Q2 vom Ansehen Karls des Großen bei seinen Zeitgenossen. – Mit wem wird er verglichen?*

Das Reich der Deutschen entsteht

Nach dem Tod Karls des Großen im Jahre 814 zerfiel sein Reich. Seine Nachfolger teilten es mehrmals auf. Burgund und Italien wurden selbstständige Königreiche. Im Norden kam es zur Bildung eines West- und eines Ostfränkischen Reiches. In beiden Reichen bildete sich ein Zusammengehörigkeitsgefühl der dort lebenden Bewohner heraus. So entstanden allmählich die beiden Länder Frankreich und Deutschland.

Der letzte Karolinger im Ostreich starb im Jahre 911. Neuer König wurde Heinrich I., der mächtige Herzog der Sachsen. Während seiner Regierungszeit (919–936) wird das Ostreich zum ersten Mal als „Reich der Deutschen" bezeichnet.

Das Wort „deutsch" bedeutet ursprünglich so viel wie „volksmäßig" oder „dem Volk gehörig". Als „deutsch" bezeichnete man zunächst die germanische Sprache, die im Ostreich gesprochen wurde. Allmählich wurde daraus der Name für die Menschen, die diese Sprache sprachen, die „Deutschen".

4 *Beschreibt mithilfe der Karte 3 die Entwicklung vom Frankenreich zum Reich der Deutschen.*

5 *Erklärt die Bedeutung des Wortes „deutsch".*

Heide/Heidentum*: *Abwertender Begriff für Nicht-Christen. Im Mittelalter war häufig die Vorstellung der „falschen" Religion damit verbunden und der Wunsch nach Bekehrung und Missionierung.*

Das Reich der Deutschen

1 **Heinrich I.** Lithographie von P. Thumann, 1878.

2 **Die Grabstätte Heinrichs I. in der Krypta der Kirche St. Servatii in Quedlinburg.**

919:
Heinrich I. wird zum ersten deutschen König gewählt.

Heinrich – Herzog von Sachsen und erster deutscher König

Im Jahre 919 wählten fränkische und sächsische Adlige Heinrich, den mächtigen Herzog von Sachsen, zum ersten deutschen König.
Angeblich – so berichtet eine erst 200 Jahre später entstandene Sage – befand Heinrich sich gerade auf der Vogeljagd. Da hätten atemlose Boten ihm die Nachricht von seiner Wahl zum König überbracht. Völlig überrascht und auch erfreut habe er Schlinge und Leimrute beiseitegelegt, um die Abzeichen der königlichen Macht in Empfang zu nehmen: die Krone und das Reichsschwert.

1 *Beschreibt die Abbildung 1. – Achtet auf Haltung und Aussehen der einzelnen Personen. – Welchen Eindruck soll dieses Bild hervorrufen?*

Die Sicherung des deutschen Reiches

In einem bald nach seiner Wahl unternommenen Feldzug zwang Heinrich auch die Herzöge von Bayern und Schwaben, ihn als König anzuerkennen.
Danach kümmerte er sich um die Gefahren, die dem deutschen Reich an seiner Ostgrenze drohten. Immer wieder drangen hier kriegerische Slawen und Ungarn auf deutsches Gebiet vor. Um das Reich besser verteidigen zu können befahl Heinrich den Bau zahlreicher Burgen entlang der Grenze.

Pfalzen*
(lat. palatium = Palast): die wenigsten Pfalzen waren Paläste, sondern eher große und gut befestigte Höfe. Sie dienten den Königen und ihrem Gefolge als Unterkünfte, Verwaltungssitze und Gerichtsorte.

Der Mönch Widukind von Corvey berichtet:

Q1 … Zuerst wählte der König unter den bäuerlichen Kriegern jeden neunten Mann aus und ließ ihn in den Burgen wohnen. Er sollte hier für seine acht Genossen Wohnungen errichten und von allen Früchten den dritten Teil empfangen und verwahren. Die acht Übrigen sollten säen und ernten und die Früchte sammeln für den Neunten.
Er gebot ferner, dass die Gerichtstage und alle Märkte und Gastmähler in den Burgen abgehalten würden, mit deren Bau man sich Tag und Nacht beschäftigte. So sollte man im Frieden lernen, was man im Falle der Not gegen die Feinde zu tun hätte …

Besonders wichtig für den Kampf gegen die Ungarn wurde ferner die Ausbildung der Reiterkrieger. Sie trugen schwere Panzer, um sich gegen die Pfeile der Ungarn schützen zu können. Als die Ungarn im Jahre 933 erneut in das deutsche Reich einfielen, wurden sie von Heinrich und seinem Heer an der Unstrut vernichtend geschlagen. Heinrich I. starb am 2. Juni 936 in der Pfalz* Memleben und wurde in der Pfalzkapelle auf dem Burgberg von Quedlinburg bestattet.
Als Nachfolger wurde sein Sohn Otto am 7. August 936 von den Vertretern aller Stämme in Aachen gewählt und zum König gekrönt.

2 *Beschreibt, wie Heinrich sein Reich stärkte.*

Otto I. wird König

3 **Otto I.** Kolorierter Holzschnitt, um 1493.

4 **Reichsinsignien* der deutschen Könige.**

Krönung Ottos I.

Über die Krönung Ottos I. am 7. August 936 berichtet der Mönch Widukind von Corvey:

Q2 ... Die Herzöge und die Ersten unter den Grafen mit einer Schar der vornehmsten Ritter versammelten sich zu Aachen.

Sie setzten den neuen Herrscher auf den hier errichteten Thron, reichten ihm die Hände, gelobten ihm die Treue, versprachen ihm Hilfe gegen alle seine Feinde und machten ihn nach ihrem Brauch zum König.

Dann erwartete ihn der Erzbischof von Mainz mit der gesamten Geistlichkeit und dem gesamten Volk in der Kirche. Als der König eintrat, ging ihm der Erzbischof entgegen und schritt dann mit ihm in die Mitte des Heiligtums. Hier blieb er stehen, wandte sich dem Volk zu und rief: „Seht, ich bringe euch Otto, der von Gott auserwählt, von König Heinrich bestimmt, von allen Fürsten zum König gemacht wurde. Wenn euch diese Wahl gefällt, dann hebt die rechte Hand zum Himmel empor." Darauf hob das Volk die rechte Hand in die Höhe. Nun schritt der Erzbischof mit dem König zum Altar, auf dem die Abzeichen des Königs lagen. Der Erzbischof nahm das Schwert und sprach zum König: „Empfange dieses Schwert und treibe mit ihm aus alle Feinde Christi, die Heiden und schlechten Christen." Sodann nahm er die Spangen und den Mantel: „Dieses Gewand möge dich ermahnen, im Eifer für den Glauben und im Schutz des Friedens auszuharren bis in den Tod." Schließlich nahm er Stab und Zepter: „Diese Abzeichen sollen dich ermahnen, mit väterlicher Zucht die Untertanen zu leiten."

... Dann wurde der König durch die Erzbischöfe Hildibert und Wichfried mit dem heiligen Öle gesalbt, mit der goldenen Krone gekrönt und über eine Wendeltreppe zu einem Throne geleitet ...

3 *Nennt die einzelnen Abschnitte der Krönung und stellt fest, welche Personen bei der Zeremonie wichtige Handlungen vollziehen.*

4 *Erklärt mit euren eigenen Worten, warum der König bei seiner Krönung Schwert und Mantel erhält.*

Reichsinsignien*: *Symbole der deutschen Königsherrschaft. Um König zu werden, musste der Thronanwärter im Besitz der Insignien sein: Reichskrone, Schwert, Reichsapfel, Reichskreuz. Heute werden die Insignien in der Hofburg in Wien aufbewahrt.*

936–973: *Otto I. regiert das Reich der Deutschen.*

Wie das Reich regiert wird

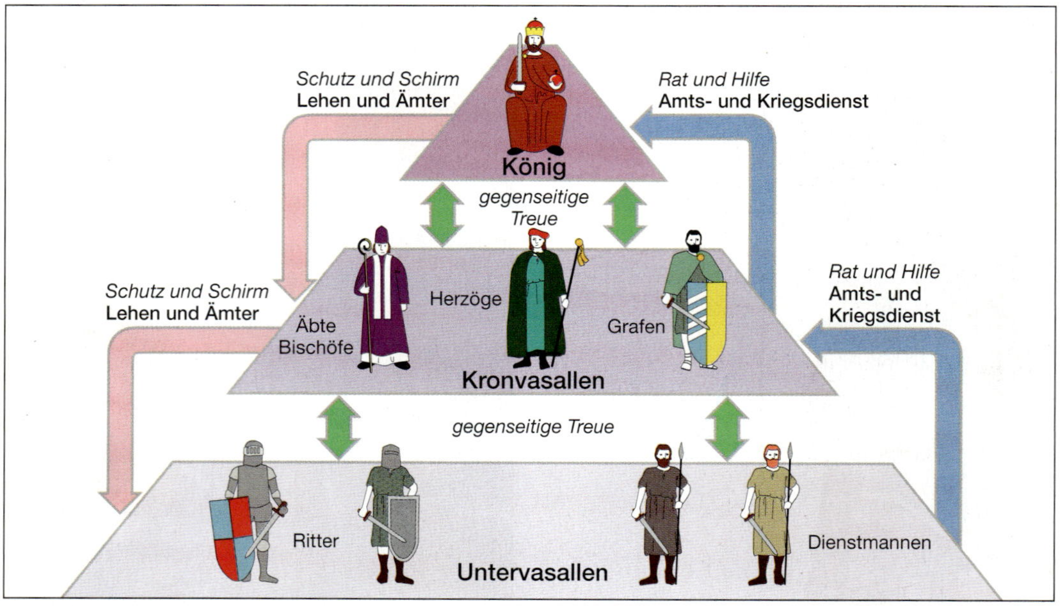

1 **Lehnsherr und Lehnsmann.** Schaubild.

Geistliche Herrschaft*: *Bischöfe und Äbte übernehmen für den König Verwaltungsaufgaben in großen Gebieten, die sie als Lehen erhalten.*

Abt, Äbtissin*: *Der von Mönchen gewählte Vorsteher eines Klosters. Die von Nonnen gewählte Vorsteherin eines Frauenklosters wurde Äbtissin genannt.*

Vasall* *(keltisch gwas = Knecht): Bezeichnung für einen Lehnsmann, der von einem Lehnsherrn abhängig ist. Es wird noch unterschieden zwischen Kron- und Untervasallen.*

***Ein Fürst belehnt seinen Untervasallen.** Buchmalerei aus dem 14. Jahrhundert.*

Lehen* *(= Geliehenes): Im Mittelalter das Nutzungsrecht an einer Sache (Grundbesitz, Rechte, Ämter); es wird vom Eigentümer (Lehnsherr) an einen Lehnsmann übertragen. Der Lehnsmann verspricht dem Lehnsherrn dafür die Treue und bestimmte Leistungen.*

Der König und die Fürsten

Bei der Krönung Ottos I. waren alle wichtigen Fürsten anwesend. Es gab geistliche Fürsten* (Bischöfe und Äbte*) und weltliche Fürsten (Herzöge und Grafen). Sie versprachen dem König, ihm immer treu zu dienen und ihm gegen alle seine Feinde zu helfen.

Otto I. war auf die Hilfe der Fürsten bei der Verwaltung seines großen Reiches angewiesen. Sie konnten in ihren Gebieten die Durchführung seiner Anordnungen überwachen. Wenn er in den Krieg zog, mussten sie ihm schwer bewaffnete Krieger zur Verfügung stellen.

Als Gegenleistung erhielten sie vom König Land mit Dörfern und Bauern auf Lebenszeit geliehen; diese Güter heißen deshalb auch Lehen*. Wer sein Lehen vom König erhielt, war sein Kronvasall.

Auch die Kronvasallen konnten die erhaltenen Güter wieder weiter verleihen an die Untervasallen (siehe Schaubild 1).

Die Übergabe des Lehens

Wenn ein Lehen vergeben wurde, geschah dies in feierlicher Form: Der Vasall kniete nieder, legte seine Hände zwischen die Hände seines Herrn und schwor ihm Treue. Er versprach seinem Herrn Rat und Hilfe, wenn der dies forderte. Seine Hauptaufgabe bestand dabei in der Verpflichtung zum Kriegsdienst. Der Lehnsherr versprach dem Vasallen Treue und Schutz.

Ein Lehen musste nicht allein aus Landgütern bestehen. Als Lehen wurden vom König auch Kirchenämter (an Abt, Äbtissin oder Bischof) und hohe Verwaltungsämter vergeben, wie etwa das Grafenamt.

Starb ein Vasall, so sollte das Lehen an den Lehnsherrn zurückfallen. Der Lehnsherr konnte dann frei entscheiden, ob und wem er das Lehen wieder ausgeben wollte. Der Vasall wollte das Lehen jedoch oft wie sein Eigentum an seine Kinder vererben. Nach und nach setzten viele Adlige durch, dass sie die vom König erhaltenen Lehen in ihren Familien weitervererben konnten. Das Lehnswesen gab es jahrhundertelang.

1 *Spielt die Übergabe des Lehens nach.*

2 *Erklärt, warum Otto I. auf die Hilfe der Fürsten bei der Verwaltung angewiesen war.*

3 *Erklärt mithilfe des Schaubildes (Abbildung 1) die Verpflichtungen des Königs und der Vasallen.*

4 *Überlegt, warum die deutschen Könige nach dem Tod eines Lehnsmannes das Lehen zurückforderten.*

Die Kirche als Stütze der Macht

2 **Herzogtümer zur Zeit Ottos I.**

Ein König und viele Herrscher

Während der Regierungszeit Ottos I. gab es im Reich der Deutschen mehrere Herzogtümer (siehe Karte). Die Herzöge regierten hier wie kleine Könige; die Anordnungen des Königs waren ihnen oft gleichgültig. Wiederholt kam es zu Aufständen gegen den König. Otto I. setzte deshalb nach und nach in den Herzogtümern nur noch Verwandte als Herzöge ein. Auf ihre Treue – so glaubte er – könne er sich sicher verlassen. Als aber auch seine Verwandten sich gegen ihn erhoben, suchte der König die Unterstützung der Kirche.

Bischöfe und Äbte als weltliche Herrscher

Fest verlassen konnte sich Otto I. nur auf Bischöfe und Äbte: Geistliche durften nicht heiraten. Sie hatten also auch keine Erben. Starb ein Bischof oder Abt, so konnte der König erneut über das Land verfügen. Ein weiterer Vorteil lag im Bildungsgrad der Geistlichen, die lesen und schreiben konnten.
Immer stärker wurden daher diese Geistlichen zur Verwaltung des Reiches herangezogen. Als Gegenleistung erhielten sie große Lehnsgüter, die sie verwalten sollten. Damit waren die Bischöfe zugleich auch weltliche Herren, die dem König zu dienen hatten und auch für ihn in den Krieg ziehen mussten.

Kritisch bemerkte dazu der Bischof Fulbert von Chartres (950–1029):

Q1 … Du fragst, was von solchen Bischöfen zu halten sei … Ich wage nicht einmal, sie Bischöfe zu nennen. Ich möchte sie lieber Tyrannen nennen, die sich mit dem Krieg abgeben. Sie ziehen in kriegerischer Begleitung umher und werben gegen Geld Soldaten an. Es gibt wohl kaum Könige oder Fürsten, die so gut wie Bischöfe das Kriegswesen kennen und die Truppen ordnen können, um das Blut von Christen, auch wenn sie Feinde sind, zu vergießen. Wenn man ihnen sagt, dass sie nicht um Lebende zu töten, sondern zur Leitung der Seelen berufen seien, sind sie mit einer Ausrede schnell zur Hand. Sie sagen dann, nur ungern hätten sie zu den Waffen gegriffen; sie seien von anderen bedroht worden und müssten sich nun mit Waffengewalt die Freiheit verschaffen …

5 *Erklärt, worin der Vorteil für den König lag, vermehrt Bischöfe und Äbte als weltliche Herrscher einzusetzen.*

6 *Überlegt gemeinsam, ob eurer Ansicht nach die Kritik des Bischofs (Q1) berechtigt ist.*

7 *Nennt die Herzogtümer zur Zeit Ottos I. (Karte 2). Vergleicht sie mit den heutigen Bundesländern. Nehmt einen Atlas zu Hilfe.*

Otto I. als deutscher Kaiser

1 Schlacht gegen die Ungarn auf dem Lechfeld bei Augsburg im Jahre 955. Links im Bild der heilige Ulrich, Bischof von Augsburg, in der Mitte König Otto I., rechts Herzog Konrad. Gemälde von Michael Echter (1812–1879).

955:
Sieg über die Ungarn auf dem Lechfeld bei Augsburg.

962:
Otto I. wird in Rom zum Kaiser gekrönt.

Das Kaisersiegel Ottos I.
Die Umschrift lautet: „Otto Imperator Augustus", sinngemäß übersetzt: „Otto, allzeit siegreicher Kaiser". Kolorierter Holzschnitt.

Siege über Ungarn und Slawen

Im Jahre 954 hatte Otto I. auch die letzten Aufständischen im Reich besiegt. Jetzt konnte er sich um die Sicherung des Reiches gegen äußere Feinde kümmern. Seit mehr als sechzig Jahren hatte es immer wieder kriegerische Auseinandersetzungen mit den Ungarn gegeben, einem Reiter- und Nomadenvolk. Auf ihren Plünderungszügen drangen sie bis nach Frankreich vor.

Im Jahre 955 fielen sie erneut in das Reich der Deutschen ein. Auf dem Lechfeld bei Augsburg kam es zur alles entscheidenden Schlacht. Die ungarischen Truppen wurden so vernichtend geschlagen, dass sie keine weiteren Überfälle mehr wagten. Im Gegenteil: Die Ungarn wurden sesshaft und ließen sich taufen. Von seinem Heer wurde Otto – so berichtet ein Geschichtsschreiber – zum Kaiser ausgerufen.

Dem Sieg über die Ungarn folgten Siege über die Slawen östlich der Elbe, die sich verzweifelt gegen ihre Unterwerfung zur Wehr setzten. Bis zur Oder erstreckte sich schließlich das Herrschaftsgebiet des deutschen Königs, der jetzt auch die Slawen zum Christentum bekehren wollte. „Auf der Förderung des Christentums beruht Heil und Ordnung des königlichen Reiches" – schrieb der König allen Bischöfen und Grafen. Er gründete deshalb im Jahr 968 das Erzbistum Magdeburg, dem er die Bistümer Havelberg, Brandenburg, Merseburg, Meißen und Zeitz unterstellte. Außerdem ließ Otto I. überall neue Kirchen errichten. Dazu gehörten Dorfkirchen ebenso wie große Dome und Klöster (siehe S. 20/21).

1 *Erklärt den Satz: „Auf der Förderung des Christentums beruht Heil und Ordnung des königlichen Reiches."*

2 *Überlegt, was Ungarn und Slawen, die bislang noch nicht Christen waren, darüber gedacht haben könnten.*

3 *Beschreibt in Partnerarbeit Bild 1 und achtet besonders auf die Darstellung König Ottos I.*

Kaiserkrönung in Rom

Nach seinem Sieg über die heidnischen Ungarn und Slawen wurde Otto I. von den Menschen in Europa als Verteidiger des christlichen Glaubens gefeiert. Im Jahre 962 krönte ihn der Papst in Rom zum Kaiser. Mit dieser Kaiserwürde erhielt der deutsche König eine Auszeichnung, die ihn über alle anderen christlichen Herrscher Europas erhob. Seit der Kaiserkrönung von Otto I. wurde die Kaiserwürde bis 1806 immer nur an deutsche Könige verliehen. Das Reich der Deutschen wurde seit dieser Zeit als „Heiliges Römisches Reich" bezeichnet.

Otto I. im Urteil seiner Zeit

2 **Der Tod Ottos des Großen in Memleben.** Aquarellierte Federzeichnung, um 1530.

Der Tod des Kaisers

Otto I., geboren am 23. November 912 in Wallhausen (Sachsen-Anhalt), wurde 62 Jahre alt. Wie schon sein Vater Heinrich I. starb auch Otto I. in Memleben.

Über das Leben Ottos I. berichtete ausführlich Widukind von Corvey, der um 925 geboren wurde und nach 973 starb. Widukind war also ein Zeitgenosse Ottos I.

Widukind entstammte dem sächsischen Hochadel und trat im Jahre 942 im Alter von etwa 15 Jahren in das Benediktinerkloster Corvey ein, um Mönch zu werden. Hier schrieb er um 967 eine „Geschichte der Sachsen". Seine Schilderung endet mit einem Bericht über den Tod des Kaisers:

Q1 … Nachdem [morgens] die Messe gefeiert worden war, spendete er nach seiner Gewohnheit den Armen, aß ein wenig und ruhte wieder auf seinem Lager. Zur Mittagsstunde aber kam er fröhlich aus seinem Gemach und setzte sich heiter zu Tisch … [Bald danach] begann er bereits zu fiebern und sich matt zu fühlen. Als dies die umstehenden Fürsten bemerkten, setzten sie ihn auf einen Sessel … Er erhielt die Kommunion und übergab dann ohne Seufzer mit großer Ruhe den letzten Hauch dem barmherzigen Schöpfer aller Dinge …

Das Volk aber sprach viel zu seinem Lobe in dankbarer Erinnerung: wie er mit väterlicher Milde seine Untertanen regiert und sie von den Feinden befreit …, die heidnischen Tempel bei den benachbarten Völkern zerstört und Kirchen gebaut habe …

Bischof Thietmar von Merseburg (975–1018), ein Verwandter des sächsischen Königs, schrieb über Otto I.:

Q2 … Hätte ich Beredsamkeit, Wissen und Gedächtnis: Das alles reichte nicht aus, das Lob des Kaisers zu verkünden … Seit Karl dem Großen hat auf dem Königsthron kein gleich bedeutender Herrscher und Schützer unseres Landes gesessen …

Begraben wurde der erste Kaiser des Heiligen Römischen Reiches im Magdeburger Dom.

4 *Besprecht, welche Leistungen Ottos I. in den Berichten besonders hervorgehoben werden.*

5 *Versetzt euch in die Lage eines slawischen Adligen. – Schreibt einen kurzen Nachruf auf Otto I. aus seiner Sicht.*

Geschichte vor Ort: Otto I. und Magdeburg

1 **Otto I. (links unten) übergibt dem thronenden Christus im Beisein von Petrus (rechts unten) und anderen Heiligen den Magdeburger Dom.** Relief, ca. 962–968.

2 **Die Standfigur des „Magdeburger Reiters" soll König Otto I. darstellen.** Sie entstand vermutlich in der Mitte des 13. Jahrhunderts und stand zuerst auf dem Alten Markt in Magdeburg. Dort steht heute eine Kopie; das Original ist im Kulturhistorischen Museum zu sehen.

Magdeburg – das Rom des Ostens

Zur Zeit Karls des Großen war Magdeburg noch ein kleiner Handelsplatz gewesen. Unter Otto I. und seiner Gemahlin Editha wurde daraus eine bedeutende Stadt. Man nannte sie „das Rom des Ostens". Otto wusste, dass seine Siege über die Slawen nicht ausreichen würden, um ihren Widerstand auf Dauer zu brechen. Ähnlich wie schon Karl der Große wollte er sie daher gewaltsam missionieren. Stützpunkt für diese Christianisierung sollte Magdeburg werden. Die Lage der Stadt an den Grenzen zum eroberten Slawenland war dafür sehr geeignet (siehe Karten S. 8, 40). Er gründete deshalb hier im Jahr 937 ein Kloster und weihte es dem heiligen Mauritius, der als Kriegerheiliger verehrt wurde. Es ging Otto I. dabei nicht nur darum, den christlichen Glauben weiterzuverbreiten. Auf diese Weise sollte seine Herrschaft in den slawischen Gebieten stabilisiert werden, denn immer wieder kam es dort zu Aufständen. Noch bedeutender war der Bau des Magdeburger Doms „Sankt Katharina und Mauritius", der im Jahre 955 begann und der eine – für die damalige Zeit – ungewöhnliche Größe aufwies. Der Dom wurde reich ausgestattet und mit wichtigen Einkünften aus Ländereien und Schenkungen versehen. Im Jahre 968 schließlich wurde Magdeburg ein Erzbistum. Dies war eine ganz wichtige Rangerhöhung der Stadt. Im ganzen Reich gab es nur ganz wenige Erzbistümer und Magdeburg wurde so zu einer der bedeutendsten Städte im Reich. Natürlich waren weitere Vorrechte und Einkünfte mit der Einrichtung der Stadt als Erzbistum verbunden. Dem Erzbistum waren die Bistümer Brandenburg, Havelberg, Merseburg, Zeitz und Meißen unterstellt. Ihre Aufgabe war es, die Slawen zum christlichen Glauben zu bekehren. Für König Otto I. wurde Magdeburg der bevorzugte Aufenthaltsort und der Ort somit eine Art Hauptstadt. Sein Grab befindet sich im Dom. Leider gibt es im heutigen Magdeburger Dom nur noch ganz wenige Zeugnisse aus der Zeit König Ottos I., denn der Dom wurde nach einem schwerem Brand 1209 im Stil der Gotik (siehe S. 88/89) wiedererichtet.

1 *Erklärt die Bezeichnung Magdeburgs als „Rom des Ostens" und den Einfluss Ottos I. auf die Entwicklung dieser Stadt.*

2 *Beschreibt Abbildung 1 und erläutert die dargestellte Szene.*

3 *Überlegt, warum gerade dieses Ereignis künstlerisch dargestellt wurde.*

Geschichte vor Ort: Fund des Edith-Grabes

1 Der Bleisarg Königin Ediths. Auf der Inschrift (oben) sind die Worte „Edit Regine" (= Königin Edit) zu lesen. Fotos, 2009.

2 Diese Steinfiguren aus dem Magdeburger Dom zeigen vermutlich Otto I. und seine Gemahlin Edith. Die runde Scheibe, die der König in der Hand hält, zeigt den Erdkreis, 9. Jahrhundert.

Sensationeller Fund in Magdeburg

Bei ihren Grabungen im Magdeburger Dom stießen Archäologen im November 2008 auf einen nur 70 cm langen Bleisarg. Im Sarg befanden sich neben einem Leinentuch auch noch menschliche Gebeine. Auf dem Sargdeckel steht in lateinischer Sprache eine Inschrift:

Q1 In diesem Sarg befinden sich die geborgenen Reste der Königin Edith, nachdem im Jahre 1510 seit der Fleischwerdung des Wortes schon die zweite Erneuerung dieses Monuments gemacht worden ist. Zum Ruhme Christi, des Königs aller Zeiten.

Mit der „Königin Edith" kann nur die erste Gemahlin König Ottos I. gemeint sein. Edith, eine englische Prinzessin, hatte Otto I. im Jahre 929 geheiratet. Als Hochzeitsgeschenk erhielt sie von ihm seine Lieblingsstadt Magdeburg. In Magdeburg wurden auch ihre beiden Kinder, Liudolf (930) und Liutgard (931) geboren. – Edith wurde von der Bevölkerung sehr verehrt, da sie sich besonders gegenüber den Armen sehr großzügig verhielt. Sie starb im Jahre 946, erst 36 Jahre alt, und wurde im Mauritiuskloster in Magdeburg beigesetzt.

1 *Erarbeitet mit eurem Banknachbarn Q1 und gebt anschließend mit euren eigenen Worten wieder, was die Inschrift des Sarges bedeutet.*

2 *Informiert euch im Lexikon oder im Internet über die Person Königin Ediths (auch „Edgith" oder „Editha" genannt) und die archäologischen Grabungen.*

3 *Schreibt eine kurze Geschichte über das Leben der Königin Edith in Magdeburg.*

Romanische Baukunst

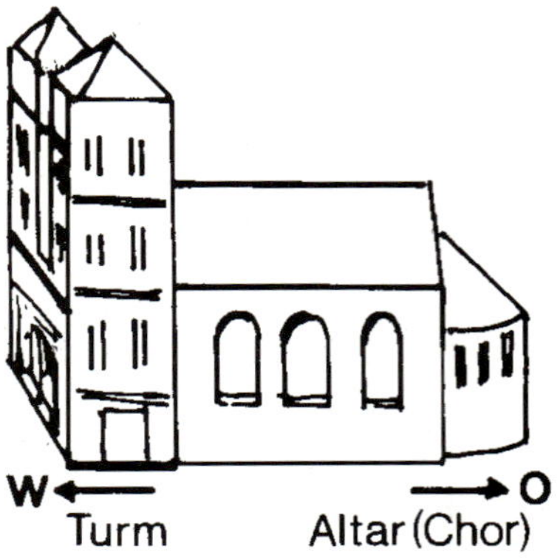

1 **Modell einer typischen romanischen Kirche.**

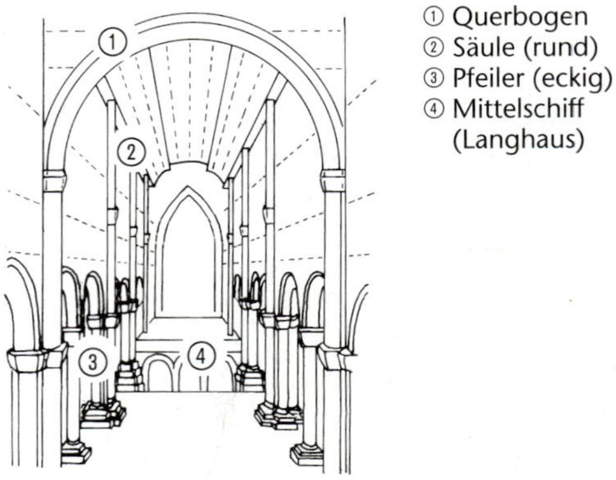

2 **Modell des Innenraumes einer romanischen Kirche.**

Romanische Kirchen in Europa
Zwischen 950 und 1250 wurden in ganz Europa im Auftrag von Kaisern und Königen, Fürsten, Bischöfen und Äbten Kirchen gebaut. Es gab einfache Dorf- oder Klosterkirchen, aber auch viele große Dome (Bischofskirchen).
Alle diese Kirchen weisen gemeinsame Merkmale auf, die es auch schon bei Bauten im Römischen Reich gab. Man bezeichnet deshalb diesen Baustil als „romanisch*“.

Die romanische Kirche als schützende Burg
Eine wichtige Aufgabe der deutschen Kaiser war es, das Christentum zu verbreiten und ihre christlichen Untertanen zu beschützen (siehe Q2, S. 11). Diesem Schutz dienten in jenen Zeiten, als es immer wieder zu Kriegen gegen die Heiden kam, auch die romanischen Kirchen.
Im Osten dieser Kirchen befindet sich der Altar, im Westen aber sehen wir große, mächtige Türme, die die Kirche wie eine Burg erscheinen lassen. Hier waren auch die Türen, durch die man in die Kirche gelangen konnte. Im Westen, dort, wo die Sonne untergeht, herrschten – so glaubte man – Dämonen und Teufel. Vor ihnen konnte man sich durch die wehrhaften Eingänge in die „Gottesburg“ flüchten. So war man gleichzeitig sicher vor den äußeren, sichtbaren wie auch vor den unsichtbaren Feinden. Im westlichen Teil stand in manchen Kirchen auch der Thron des Königs. Unter dem Thron befand sich oft das Grab des Herrschers, der diese Kirche erbauen ließ.
Im Osten der Kirche, in der Apsis, steht der Altar. Darüber sieht man Christus, der auf sein Volk blickt. Zwischen beiden – dem weltlichen Herrscher im Westteil der Kirche und dem Bischof oder Priester im Ostteil – sitzt im Langhaus die Gemeinde, beschützt an Leib und Seele.
Das Dach des Langhauses, auch Mittelschiff genannt, steht auf kurzen, dicken Pfeilern. An beiden Seiten des Mittelschiffes sind niedrigere Räume angegliedert, die Nebenschiffe. Durch die kleinen Fenster dringt nur wenig Licht in das Innere. Die breiten Türme, die dicken Mauern, das dunkle Innere lassen diese Kirchen bis heute wie schützende Burgen erscheinen.
In fast allen romanischen Kirchen findet man Darstellungen von Tieren, von Löwen und Drachen beispielsweise oder auch von Phantasiewesen mit schrecklichen Fratzen. Sie sollen die Dämonen und Teufel abwehren.
Löwen an den Kirchentüren bewachen das Haus Gottes. Wenn jemand verfolgt wurde und den Ring des Löwenkopfes, der als Türklopfer diente, ergreifen konnte, erhielt er von der Kirche das Asylrecht

1. *Seht euch die Abbildungen dieser Doppelseite an und erklärt die Bauteile, Formen und Fachbegriffe (z. B. „Kapitell“).*

2. *Geht auf Spurensuche nach romanischen Bauwerken in eurem Ort. Verwendet bei der Erkundung von Bauwerken die Arbeitsschritte von Seite 19.*

Rundbogen-Portal

Würfelkapitell

Romanik* *(**„romanisch“** von **„römisch“**): Runde Bögen und die Gebäudeform der Basilika (Flachdecke) sind in den ältesten Kirchen zu finden. Sie sind den Palästen der römischen Kaiser abgeguckt. Zwischen dem 8.–12. Jahrhundert entstanden viele Kirchen im romanischen Stil.*

Rundbogenfenster

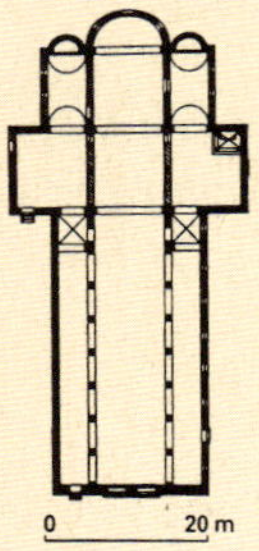

Grundriss der Stiftskirche St. Pankratius in Hamersleben.

Methode: Bauwerke erkunden und erklären

1 **Der Dom St. Marien zu Havelberg (Landkreis Stendal), 12. Jahrhundert.** Foto, 2006.

2 **Romanisches Kapitell, Kloster Jerichow (Landkreis Jerichower Land), 12. Jahrhundert.**

1. Schritt:
Erste Eindrücke beschreiben
- Haltet erste Eindrücke als Bericht, Zeichnung oder Foto fest: Lage, Raumwirkung innen/außen, Fenster, Ausstattung (Altäre, Figuren, Malereien usw.).

2. Schritt:
Informationen sammeln
- Informiert euch über die Baugeschichte (Bibliothek, Internet, Pfarrer).
- Wann begonnen? Nach welchen Vorbildern?

3. Schritt:
Den gesamten Bau und einzelne Teile erklären
- Erklärt ausgewählte Bauteile, Figuren und Symbole.
- Welche Bedeutung haben sie?
- Weshalb wurden sie hergestellt?
- Was wollten die Baumeister oder Künstler ausdrücken?

4. Schritt:
Eigene Meinung sagen
- Was gefällt euch ganz besonders?
- Was beeindruckt weniger?
- Was versteht ihr nicht, sodass ihr noch weitere Informationen einholen müsst?

3 **Blick in das Kirchenschiff der romanischen Stiftskirche St. Pankratius in Hamersleben (Bördekreis).**

4 **Portal der Neumarktkirche in Merseburg, 12. Jahrhundert.**

Die Straße der Romanik

Geschichte in der Gegenwart

Eine Reise in das Mittelalter – das ist die Straße der Romanik in Sachsen-Anhalt mit ihren achtzig Kirchen und Klöstern, Königshöfen und Burgen. Die Bauwerke sind mindestens achthundert Jahre alt, manche sogar über eintausend Jahre. Sie erzählen uns heute noch vom Leben und Denken ihrer Erbauer, von deutschen Kaisern und Königen, von Mönchen und Rittern.

In einem Artikel heißt es:

M1 … Sachsen-Anhalt sieht sich als Kernland deutscher Geschichte. Die frühen Könige des Heiligen Römischen Reiches errichteten hier ihre Pfalzen. Sie setzten ihrem christlichen Glauben und ihrer weltlichen Macht Denkmäler, die bis heute Bestand haben. Gewaltige Dome bezeugen ihren christlichen Glauben und sind Zeichen ihrer Macht. Burgen erinnern an das Leben im Mittelalter. Klosterbauten verdeutlichen die Rolle der mittelalterlichen Mönche für die Bildung und Erschließung der neuen Siedlungsgebiete östlich der Elbe in den Marken Brandenburg und Meißen.

1 Das ehemalige Kloster „Unserer Lieben Frau" in Magdeburg. 11. Jahrhundert.

Im Jahre 1993 wurde die Straße der Romanik eröffnet. Inzwischen gehört sie zu den erfolgreichsten „Themenstraßen" in Deutschland mit Besuchern aus der ganzen Welt. Manche Bauten sind inzwischen sogar als Weltkulturerbe anerkannt wie z. B. die Kirche St. Servatius in Quedlinburg mit dem Grab Heinrichs I., des ersten deutschen Königs (siehe S. 10 und S. 19).

Die Straße der Romanik ist fast 1200 km lang.

1 *Informiert euch in arbeitsteiliger Gruppenarbeit über wichtige Bauwerke auf der Straße der Romanik in Sachsen-Anhalt. Material könnt ihr beim „Haus der Romanik" in Magdeburg oder im Internet (siehe Randspalte), aber auch in Tourismuszentralen, Verkehrsbüros und Bibliotheken erhalten. Verfasst eine kurze Beschreibung eines Bauwerks.*

2 *Zeichnet auf einen Karton die Umrisse von Sachsen-Anhalt. Fügt in diese Karte den Ort und eine Kopie des Bauwerks ein, über das ihr euch informiert habt.*

3 *Wenn ihr einen Klassenausflug zu einem Bauwerk auf der „Straße der Romanik" plant, könnt ihr die Besichtigung vorbereiten:*
- *Schreibt an das zuständige Verkehrsbüro und besorgt euch Informationsmaterial.*
- *Verfasst gemeinsam ein Arbeitsblatt mit Beobachtungsaufgaben, die von allen Schülern der Klasse während der Besichtigung gelöst werden sollen.*

4 *Schreibt an den Landestourismusverband und bittet um Auskunft, wie wichtig diese Straße für den Tourismus und damit für Hotels, Pensionen oder Restaurants ist und damit auch für die Beschaffung von Arbeitsplätzen.*

STRASSE DER ROMANIK ®

An diesem Zeichen erkennt man Gebäude und Wegstrecken, die zur Straße der Romanik gehören.

Tipp:
Haus der Romanik
Info-Zentrum Straße der Romanik
Domplatz 1b
39104 Magdeburg
Tel.: 0391 838 02 22
www.haus-der-romanik.de/cms/index.html

Die Straße der Romanik

Kloster Diesdorf. Baubeginn 1161, vollendet 1220.

Romanische Dorfkirche in Redekin (Jerichower Land). 12. Jahrhundert.

Stadtmauer Querfurt.

Dom St. Johannes und Laurentius in Merseburg, 11. Jahrhundert.

2 **Der Verlauf der Straße der Romanik in Sachsen-Anhalt.** Karte.

Zum Weiterlesen: Tiza im Königsbann

Es ist das Jahr 965 n. Chr. Seit drei Jahren ist Otto I. Kaiser im Deutschen Reich. Wieder waren sächsische Krieger in die slawischen Gebiete eingefallen. Sie zerstörten und verbrannten alles, was ihnen in den Weg kam, so auch den Hof von Boromir, dem Vater der kleinen Tiza. Tiza wurde nach Magdeburg gebracht, in die Pfalz des Kaisers. Schnell findet sie hier viele Freunde, mit denen sie eines Tages zur alten Jaga geht, einer weisen Frau.

Schweigend stiegen sie die Anhöhe hinauf. Die Hütte der alten Jaga stand im hellen Schein der Nachmittagssonne. Es war gar keine richtige Hütte, sondern ein halb in den Boden gegrabenes Gelass …
Nur etwa zur Hälfte standen die Wände aus Lehmgeflecht heraus; die Rückwand schloss mit dem Berge ab. Ein kleines, überspringendes Dach schützte den Eingang vor Regen; der Kräutergarten neben dem Erdhaus war sorgfältig geharkt und gejätet. Mehr als Eingang und Beet waren freilich nicht zu sehen, denn eine dichte Hecke aus wilden Schlehen umgab alles, was sonst noch zu dem Anwesen gehörte. Eine Quelle, etwas seitab, in einen steinernen Trog gefasst, ließ erkennen, warum gerade dieser Platz für das Erdhaus gewählt worden war …
Gegenüber dem Eingang gloste ein niedriges Feuer. Als sich ihre Augen an das Dämmerlicht gewöhnt hatten, bemerkten sie ein Paar uralte, dunkle Augen, die von dort auf sie gerichtet waren. Tiza fürchtete sich ein wenig. War die Alte wirklich eine Frau ihres eigenen Volkes? Oder doch nicht?
Aber als die Jaga zu sprechen begann, wusste sie, dass sie sich nicht getäuscht hatte. Ihre Stimme hatte genau den gleichen Tonfall, von dem Tiza wusste, das es ihr eigener war. Auch wenn man noch so gut Deutsch sprach – den Klang der eigenen Stimme behielt man lange, wenn nicht sein Leben lang.
„Ein seltsamer Besuch", sagte die Alte mit brüchiger Stimme, „junge Menschen, Kinder noch fast." Sie hatte offenbar gesehen, was sie sehen wollte: Gäste ohne Schmuck und Waffen …
Es gab in der Wohngrube keine Möbel außer einem einfachen Lager auf dem Fußboden und einer hölzernen Truhe an seinem Kopfende. Über dem Feuer hing ein Kessel; Gerät lag auf einem Sims, darunter ein Mörser, der wohl zum Zerstampfen der getrockneten Kräuter diente, die in Bündeln von den Deckenbalken baumelten. Es roch gut in der Höhle nach Farn und Gartenthymian und Kamille und anderen Kräutern, die Tiza nicht kannte. Und es war warm hier – warm von den Erdwänden, warm von dem Feuer und warm von der Sonne, die draußen auf den Eingang brannte.
„Ich weiß, was ihr wollt", sagte die alte Stimme. „Keine Heilkräuter, keinen Liebeszauber, keinen Schlangenbann, keine Verwünschung. Dies würde auch nichts helfen bei solchen Gästen."
Sie stand von ihrem Schemel auf und trat vor die Kinder hin. Keines rührte sich. Es war Tiza, an die die Alte sich zuerst wandte.
„Ein Kind aus Svarožics Reich!", sagte sie. „Was tust du hier? Du bist nicht freiwillig gekommen!" Sie sah Tiza einen Augenblick prüfend an und fuhr dann auf Slawisch fort:
„Ich kann dir helfen, Kind ohne Namen, aber du musst selbst entscheiden!" Und in einem eintönigen Singsang fuhr sie fort:
„Willst du bleiben, willst du fliehen? Wilder Schwan, wie willst du ziehen?"
Einen Augenblick pochte Tizas Herz wie rasend. Reichte die Macht der Jaga wirklich so weit, dass sie ihr die Rückkehr in die Heimat ermöglichen konnte? Sie starrte in die dunklen Augen und plötzlich sah sie wieder ihre eigene alte Ama [Kinderhüterin] am Waldrand stehen und die Hände nach ihr ausstrecken. Aber der Vater war tot, und seine Halle brannte, und sie selbst saß auf einem Pferd, das herumgewirbelt wurde …
Sie erschrak, als sie ihre eigene Stimme sagen hörte: „Ich möchte hier bleiben!"
Was hatte sie getan? Und warum?

Die Geschichte von Tiza am Hofe des Kaisers Otto des Großen, die immer mehr verstrickt wird in die Machtkämpfe der Sachsenkaiser könnt ihr nachlesen in dem Jugendbuch: Wiebke von Thadden, Tiza im Königsbann. Unterwegs im Reiche der Ottonen. Beltz & Gelberg, Weinheim 2000.

Zusammenfassung

Von den Germanen zum Fränkischen Reich
Zu Beginn des 3. Jahrhunderts n. Chr. verließen germanische Stämme ihre Heimat in Nordeuropa und zogen nach Süden. An den römischen Grenzen kam es zu ständigen Kleinkriegen zwischen Römern und Germanen. Im 5. Jahrhundert überrannten die germanischen Stämme endgültig die römischen Grenzen und gründeten eigene Reiche.
Das Reich der Franken war von allen germanischen Reichen das stärkste. Unter Karl dem Großen (768–814) erreichte es seine größte Ausdehnung.
Im Jahre 800 n. Chr. wurde Karl vom Papst in Rom zum Kaiser gekrönt. Schon von seinen Zeitgenossen erhielt er den Beinamen „der Große".

Das Reich der Deutschen entsteht
Nach dem Tode Karls zerfiel das Frankenreich in einen westfränkischen (das spätere Frankreich) und einen ostfränkischen Teil (das spätere Deutschland). Heinrich I., der mächtige Herzog von Sachsen, wurde 919 König des Ostreichs. Während seiner Regierungszeit wurde dieses Ostreich erstmals als „Reich der Deutschen" bezeichnet. Heinrich sicherte die Verteidigung des Reiches gegen Überfälle der Ungarn durch den Bau zahlreicher Burgen entlang der Ostgrenze.

Das Reich der Deutschen unter Otto I.
Sein Nachfolger wurde sein Sohn Otto I. (936–972). Die Verwaltung des Reiches übertrug er – wie schon zuvor Karl der Große – den Kronvasallen, die für ihre Hilfe vom König Lehen erhielten. Dabei bevorzugte er insbesondere Äbte und Bischöfe, die er selbst ernannte. Bischöfe und Äbte wurden so immer mehr zu weltlichen Herren.
Otto I. sicherte und erweiterte das Reich der Deutschen nach Osten. Die Ungarn wurden im Jahre 955 vernichtend geschlagen. Um die unterworfenen Völker zum Christentum zu bekehren, gründete er im Jahre 968 das Erzbistum Magdeburg, dem er weitere Bistümer unterstellte.
Otto I. wurde 962 vom Papst in Rom zum Kaiser gekrönt. Mit der Verleihung der Kaiserwürde wurde er über alle christlichen Herrscher Europas erhoben. Seit dieser Zeit wurde die Kaiserkrone bis zum Jahre 1806 immer nur an deutsche Herrscher verliehen. Das Reich der Deutschen wurde seit dieser Zeit als „Heiliges Römisches Reich" bezeichnet. Im 10. Jahrhundert entstanden auf dem Gebiet des heutigen Sachsen-Anhalt zahlreiche bedeutende Kirchen, Dome und Klöster.

768–814

Herrschaft Karls des Großen.

919–936

König Heinrich I.

962

König Otto I. wird römisch-deutscher Kaiser.

Check: Das solltet ihr wissen

Wichtige Begriffe

- ✓ Germanen
- ✓ Franken
- ✓ Karl der Große
- ✓ Lehnswesen
- ✓ Christianisierung
- ✓ Heiliges Römisches Reich
- ✓ Heinrich I.
- ✓ Otto I.
- ✓ Lechfeld
- ✓ Vasallen
- ✓ Herzogtümer
- ✓ Reichinsignien
- ✓ Straße der Romanik

Was wisst ihr noch?

1 Warum verließen seit dem 3. Jahrhundert n. Chr. viele germanische Stämme ihre Wohnsitze?

2 Für die Verwaltung seines großen Reiches brauchte König Otto I. die Hilfe von Äbten, Bischöfen, Grafen und Herzögen. Es gab noch kein Geld. Überlegt, wie er sie „entlohnen" konnte.

3 Beschreibt die Belehnung auf der Abbildung 1. Was könnten die dargestellten Personen gesagt haben?

4 Warum gründete Otto I. das Erzbistum Magdeburg?

5 Nennt einige bedeutende Bauwerke an der „Straße der Romanik".

1 **Ein Fürst belehnt einen Untervasallen.** Buchmalerei, 14. Jahrhundert.

Tipps zum Weiterlesen

Michael Schmauder: Die Völkerwanderung. Tessloff, Nürnberg 1991.

Wiebke von Thadden: Tiza im Königsbann. Unterwegs im Reich der Ottonen. Beltz & Gelberg, Weinheim 2000.

Dies: Brun, Geisel des Königs. Vom Frankenreich zum Reich von Aachen. dtv junior. München 1993.

Check: Das solltet ihr können
Erklären – zuordnen – berichten – erkunden

Wer wird Sieger im Wissensspiel?
Ihr könnt dieses Spiel zu zweit oder auch zu mehreren spielen. Und so geht's:
Als Erstes kopiert ihr diese Seite und schneidet die Kärtchen aus.
Ihr legt die Kärtchen auf einen Stapel und lost aus, wer beginnen darf. Jeder Spieler/jede Spielerin, der/die an der Reihe ist, sagt, was ihm/ihr zu dem Stichwort auf dem Kärtchen einfällt. Ist alles richtig, erhält er/sie die oben auf der Karte angegebenen Punkte. Vielleicht bekommt er/sie aber auch nur die halbe Punktzahl oder gar keine.
Die Mitspielerinnen und Mitspieler können die Erklärungen leicht überprüfen, denn auf jeder Karte steht unten eine Seitenzahl.
Auf dieser Seite könnt ihr im Buch nachsehen, ob die Aussagen wirklich stimmen. – Nicht vergessen: Beim Spiel ist Fairness oberstes Gebot! – Wer die meisten Punkte gesammelt hat, ist Sieger im Wissensspiel.

3 Punkte
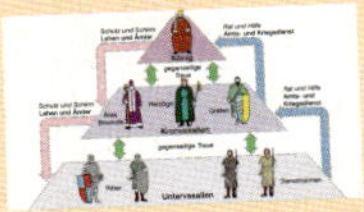
Lehenspyramide
Seite 12

3 Punkte

Reichsinsignien
Seite 11

2 Punkte

Heinrich I.
Seite 10

3 Punkte

Krönung Ottos I.
Seite 11

3 Punkte

962 n. Chr.
Seite 14

5 Punkte

Reich der Deutschen
Seite 9

2 Punkte

Lechfeld
Seite 14

3 Punkte

Magdeburg
Seite 16

3 Punkte

Sachsenkriege
Seite 8

2 Punkte

Vasallen
Seite 12

5 Punkte

Straße der Romanik
Seite 21

3 Punkte

Karl der Große
Seite 8

2. Mittelalterliche Lebenswelten

400

800–1000

MÖNCHSTUM BEGINNT SICH AUSZUBREITEN

BAUERN WERDEN VON GRUNDHERREN ABHÄNGIG

Menschen unterwegs – Bauern, die eine Schweineherde auf den Markt in eine von festen Mauern umgebene Stadt treiben; Fuhrleute, die mit Bauholz schwer beladene Wagen durch ein enges Stadttor bugsieren; ein Händler, der mit seinen mit Waren bepackten Maulеseln aus der Stadt zieht, um irgendwo seine Geschäfte zu machen; reiche Bürger der Stadt, die hoch zu Pferd einen Ausritt unternehmen, und Adlige, die in den Wäldern vor den Mauern der Stadt auf der Jagd sind. Entstanden ist dieses Bild in einer Zeit, die wir Mittelalter nennen.

Beschäftigen wollen wir uns zunächst mit dem Alltag der Menschen, die zu dieser Zeit in Europa lebten: mit den Bauern in ihren Dörfern, den Rittern auf ihren Burgen und Mönchen und Nonnen in den Klöstern.

um 1000 — DREIFELDERWIRTSCHAFT SETZT SICH DURCH

1200–1600 — ZEIT DER RITTER

Stände und Lebensformen

1 **Christus (über dem Regenbogen) spricht zu dem Stand rechts von ihm: Du bete demütig! Zum Stand links: Du schütze! Und zum Stand unter ihm: Und du arbeite!** Holzschnitt von Johannes Lichtenberger, 1488.

2 **Städtische „Stände-Pyramide".** Süddeutsche Miniatur*, 14. Jahrhundert.

Miniatur*
(lat. minor = klein):
Kleinformatige Malerei auf Holz, Metall, Seide, Porzellan und Elfenbein.

Stände im Mittelalter

Heute sind vor dem Gesetz alle Menschen gleich. Im Mittelalter aber gab es große Unterschiede zwischen den Menschen, die verschiedenen Ständen angehörten. Zu welchem Stand man gehörte, entschied sich meist schon bei der Geburt: Bauern stammten von Bauern, Adlige von Adligen, Unfreie von Unfreien und Freie von Freien ab. Unfrei waren viele Bauern, frei die Adligen und die Geistlichen.

1 *Beschreibt die Personen, die in Abbildung 1 dargestellt sind, möglichst genau. Wie sind sie angeordnet und welche Aufgaben haben sie? Beachtet dabei auch die Inschriften und die Größenordnungen.*

„Kleider machen Leute"

Nicht nur zwischen den Ständen, sondern auch innerhalb eines Standes gab es große Unterschiede. Vor allem in den Städten wurde großer Wert darauf gelegt, dass die verschiedenen Rangstufen in der Bevölkerung deutlich sichtbar waren. In vielen Städten gab es daher verbindliche Kleiderordnungen, die genau festlegten, welche Kleidung z. B. die reichen Bürger oder Handwerker tragen durften. Ein reicher Kaufmann beispielsweise konnte eine vornehmere Kleidung tragen als ein Handwerker.

Besonders gekennzeichnet wurden auch soziale Randgruppen, z. B. die jüdischen Mitbürger, und Außenseiter, etwa die Henker. Sie mussten an ihrer Kleidung deutlich erkennbar sein. Wer dagegen verstieß, wurde hart bestraft.

2 *Welche Personen fallen euch in Abbildung 2 besonders auf? Versucht mithilfe des Verfassertextes die Anordnung der Personen zu erklären.*

3 *Gibt es auch bei uns eine „Kleiderordnung"? – Nennt Kleidungsstücke, an denen man die Zugehörigkeit zu einer Gruppe erkennen kann.*

Von der Freiheit in die Abhängigkeit

3 **Mittelalterliches Dorf.** Rekonstruktionszeichnung.

Die Bauern verlieren ihre Freiheit
Im Mittelalter lebten die meisten Menschen von der Landwirtschaft: am Anfang fast alle, am Ende des Mittelalters – um 1500 – immer noch über 80 Prozent. So groß ist der Anteil der Landbevölkerung heute beispielsweise in Pakistan oder in der Türkei.
Zur Zeit Karls des Großen (um 800) besaßen in großen Teilen des Frankenreiches noch viele Bauern eigenes Land. Sie konnten es bearbeiten und von den Erträgen leben. 200 Jahre später gehörte das Land zumeist nicht mehr den Bauern, sondern adligen Herren.
Für diese Herren mussten die Bauern jetzt arbeiten. Sie durften nicht einmal mehr ihren Hof verlassen, um z. B. in ein anderes Dorf zu ziehen. Denn wie das Land, so gehörten auch sie selbst ihrem Herrn. Aus einstmals freien Bauern waren Unfreie geworden.
Der französische Bischof Adalbero von Laon schrieb im Jahr 1016 über sie:

Q1 … Wer könnte die Sorgen zählen, von denen die unfreien Bauern während ihrer langen Wege und ihrer harten Arbeit bedrückt werden? Geld, Kleidung, Nahrung: Die unfreien Bauern liefern alles an jedermann. Kein Adliger könnte ohne ihre Abgaben bestehen. Der Herr, der vorgibt, seine Bauern zu ernähren, wird in Wahrheit von ihnen ernährt …

Der Adlige Hugo von Trimberg meinte etwa 300 Jahre später:

Q2 … Ich kam in ein Dorf geritten … Da kam ein Bauer auf mich zu und sprach …: „Liebster Herr, wie kommt es denn, dass es euch Herren viel besser geht als uns armen Bauern? Sind denn die einen unfrei, während die anderen frei sind?“
„Ja“, sagte ich. Das machte ihn zornig und er sagte: „Wir sind doch alle von einer Mutter geboren?“ …
Da kam ein Rudel Bauern aus der Schänke* … Sie baten mich alle, ihnen zu erklären, warum der edel*, jener unedel, der frei, jener unfrei sei …

4 *Beschreibt das Dorf auf in Abbildung 3 und vergleicht es mit einem heutigen Dorf.*
5 *Gebt den Inhalt von Q1 und Q2 mit euren eigenen Worten wieder.*
6 *Stellt Vermutungen darüber an, was Hugo von Trimberg den Bauern geantwortet haben könnte.*

Schänke*: *Gasthof, Kneipe.*

edel*: *adlig*

Grundherrschaft*

1 **Abhängigkeitsverhältnis zwischen Bauer und Grundherr.** Schaubild.

Grundherrschaft*: *Herrschaft über das Land und die Menschen, die auf ihm wohnten. Bauern erhielten vom Grundherrn Land, Schutz in Notzeiten und die Befreiung von der Heeresfolge. Die Bauern mussten dafür Abgaben entrichten und Frondienste leisten.*

Leibeigener: *Spätmittelalterlicher Begriff für einen unfreien Bauern mit besonders vielen Dienst- und Abgabeverpflichtungen und besonders geringen eigenen Entscheidungsmöglichkeiten. So waren Leibeigene an den Boden gebunden und durften nicht wegziehen; bei Verschenkung oder Verkauf des Bodens wurden sie mit weggegeben.*

Hörige*: *Bezeichnung für Bauern, die an das vom Grundherrn verliehene Land gebunden waren und bestimmte Abgaben und Dienste leisten mussten.*

Warum verloren die Bauern ihre Freiheit?

Es ist nicht überliefert, welche Antwort Hugo von Trimberg den Bauern gab auf ihre Frage, warum sie unfrei seien (siehe Q2, S. 29). Die Zeit, da es noch viele freie Bauern gegeben hatte, lag schon lange zurück. Das war die Zeit Karls des Großen gewesen. Unter seiner Herrschaft hatte jeder freie Bauer die Pflicht, zusammen mit seinem König in den Krieg zu ziehen (Heeresfolge).

Karl der Große führte viele Kriege. So waren die freien Bauern manchmal mehrere Jahre nicht zu Hause, wenn es Zeit gewesen wäre für Aussaat oder Ernte. Zahlreiche Höfe verfielen, Hunger und Not kehrten ein. Um dem Kriegsdienst zu entgehen, übergaben freie Bauern ihren Grund und Boden einem Herrn, der dadurch ihr Grundherr wurde.

Grundherren und Hörige*

Grundherren konnten z. B. sein: Adlige, Grafen, aber auch Bischöfe oder Klöster. Der Grundherr übernahm für seine Bauern die Heeresfolge. Er schützte und unterstützte sie in Notzeiten. Diese Bauern brauchten also nicht mehr mit dem König in den Krieg zu ziehen. Sie konnten das ganze Jahr über den notwendigen Arbeiten im Hof und auf dem Feld nachgehen.

Als Gegenleistung mussten sie sich dazu verpflichten, jedes Jahr

- einen bestimmten Anteil an der Ernte, an Milch, Käse, Eiern und Vieh an den Grundherrn abzuliefern. Bei der Ernte handelte es sich ungefähr um den zehnten Teil. Diese Abgabe wird daher der Zehnt genannt.
- bestimmte Arbeiten für den Grundherrn zu verrichten, wie etwa Mithilfe auf den Wiesen oder Feldern, Zäune errichten, Wege anlegen oder Brücken bauen. Diese Arbeiten werden Frondienste (fron = Herr) genannt.

Aus freien Bauern wurden so unfreie; sie werden auch als Hörige bezeichnet.

1 *Erarbeitet mit eurem Banknachbarn Schaubild 1: Beschreibt zunächst, was ihr seht. Erklärt dann den Inhalt. Bezieht auch euer Wissen aus dem Verfassertext mit ein.*

2 *Spielt folgende Szene: Zwei freie Bauern, die wieder in den Krieg ziehen sollen, unterhalten sich. Der eine Bauer möchte sich jetzt in die Abhängigkeit eines Grundherrn begeben, der andere möchte frei bleiben.*

Grundherrschaft

2 **Bauern bei der Fronarbeit.** Buchmalerei, 15. Jahrhundert.

Bauer Widrad und das Kloster Prüm

In welchem Umfang die hörigen Bauern Abgaben und Dienste leisteten, erfahren wir aus einem Bericht des Klosters Prüm in der Eifel. Zu diesem Kloster gehörten auch 30 hörige Bauern in Rommersheim. Einer dieser Bauern war Widrad.

Von ihm schreibt der Abt des Klosters im Jahr 893:

Q1 … Widrad gibt an das Kloster jedes Jahr einen Eber, ein Pfund Garn, drei Hühner, 18 Eier. Er fährt fünf Wagenladungen von seinem Mist auf unsere Äcker, bringt fünf Bündel Baumrinde für die Beleuchtung und fährt zwölf Wagenladungen Holz zum Kloster. Dieses Holz dient im Winter zum Heizen. Ferner liefert Widrad dem Kloster jährlich 50 Latten und 100 Schindeln* für Dachreparaturen.

Sein Brot bäckt Widrad in unserem Backhaus und das Bier braut er in unserem Brauhaus. Hierfür zahlt er an das Kloster eine Gebühr.

Eine Woche in jedem Jahr verrichtet er den Hirtendienst bei unserer Schweineherde im Wald. Er bestellt drei Morgen Land, das ganze Jahr hindurch, jede Woche drei Tage. Das bedeutet: Er muss bei der Einzäunung unserer Äcker und Weiden helfen, zur rechten Zeit pflügen, säen, ernten und die Ernte in die Scheune bringen.

Bis zum Dezember, wenn das Getreide gedroschen wird, muss er es zusammen mit anderen Hörigen bewachen, damit es nicht von Brandstiftern angezündet wird. Wachdienst muss ebenfalls geleistet werden, wenn der Herr Abt kommt, um ihn vor nächtlicher Gefahr zu schützen.

Wenn Widrad 15 Nächte den Wachdienst verrichtet, das Heu geerntet und auf unseren Äckern gepflügt hat, erhält er in einem guten Erntejahr Brot, Bier und Fleisch; in anderen Jahren erhält er nichts.

Die Frau Widrads muss leinene Tücher aus reinem Flachs* anfertigen, acht Ellen* lang und zwei Ellen breit. Sie fertigt daraus Hosen für die Mönche an …

3 *Einen Überblick über Abgaben und Dienste eines hörigen Bauern erhaltet ihr, wenn ihr folgende Tabelle erstellt:*

Jährliche Abgaben	Frondienste	Weitere Leistungen
…	…	…
…	…	…
…	…	…

4 *Versetzt euch in die Lage Widrads und seiner Frau. Welche Abgaben und Dienste hättet ihr als besonders hart empfunden? Begründet eure Meinung.*

Flachs*:
Faser aus der Lein- oder Flachspflanze, mit der Tuch gewebt werden konnte.

Elle:
Altes Längenmaß. Eine Elle bezeichnet die Länge des Unterarms von der Mittelfingerspitze eines Erwachsenen bis zum Ellenbogen.

Schindeln*:
Dachziegel.

Alltag der Bauernfamilien

Bauernregeln: *Merksprüche, die wie Sprichwörter klingen. Sie beziehen sich meist auf die Vorhersage des Wetters und seiner Auswirkungen auf die Ernte. Beispiel: „Mairegen auf die Saaten, dann regnet es Dukaten" (das heißt, die Ernte wird reichlich ausfallen und dem Bauern viel Geld einbringen).*

Albrecht, ein Bauernsohn, berichtet: *Wie meine Eltern und Geschwister gehöre ich dem Grundherrn. Wenn mein Vater nicht mehr arbeiten kann, übernehme ich den Hof. Mit meinem Vater arbeite ich bis in die Dunkelheit auf dem Feld. Spielen darf ich nur am Sonntag. Ich muss im Morgengrauen aufstehen und mit dem Vater zum Ernten gehen. Er bringt mir alles bei.*

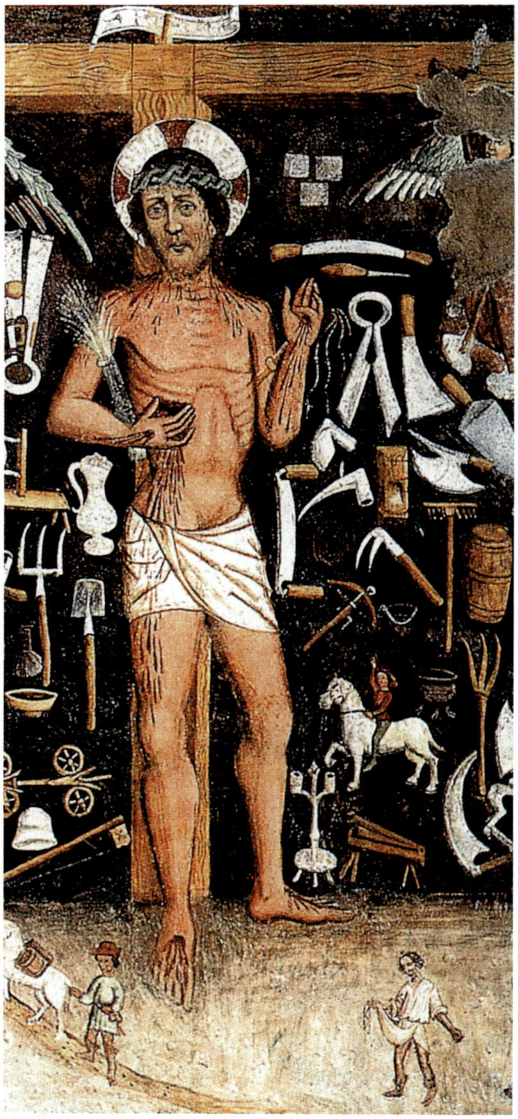

1 **„Feiertagschristus"**. Die abgebildeten Werkzeuge und Tätigkeiten geben an, welche Arbeiten an Sonn- und Feiertagen verboten waren. Fresko von 1465.

Leben in einem Bauerndorf

Die Bauerndörfer im Mittelalter waren nicht sehr groß; mehr als 100 bis 200 Einwohner hatten nur wenige. In der Mitte des Dorfes stand die Kirche, aus Stein erbaut, in einiger Entfernung dazu standen die Bauernhäuser. Ein Zaun umgab das Dorf. Er sollte verhindern, dass das Vieh entlaufen konnte, und zugleich Schutz vor Überfällen bieten.

Die Menschen, die hier wohnten, mussten fast alles, was sie zum Leben brauchten, selbst herstellen. Sie
- bauten ihre Häuser oder Hütten selbst,
- spannen und webten,
- verarbeiteten Tierhäute und Felle zu Kleidungsstücken,
- stellten Arbeitsgeräte her,
- backten ihr Brot und verarbeiteten die Milch zu Butter und Käse.

Diese und viele andere Arbeiten erforderten den vollen Arbeitseinsatz aller Familienmitglieder. Die Arbeitszeit wurde durch die Jahreszeit bestimmt. Wenn es hell wurde, stand man auf, im Sommer zwischen 4 und 5 Uhr; die erste Hauptmahlzeit nahm man zwischen 9 und 10 Uhr ein, die zweite nachmittags zwischen 16 und 17 Uhr. Die Mahlzeiten bestanden aus Brot, Haferbrei oder gekochtem Gemüse. Zu trinken gab es Wasser oder Molke (Käsewasser). Sobald es dunkel wurde, ging man schlafen, denn eine Beleuchtung gab es kaum.

Die meisten Bauernhäuser bestanden aus einem einzigen Raum. Ein grob gezimmerter Tisch, ein paar Bänke an den Wänden, niedrige dreibeinige Hocker – das war fast die ganze Ausstattung. Betten gab es nicht. Man legte sich zum Schlafen auf einen Strohsack oder im Winter auf die große Ofenbank. Wenn dann am nächsten Morgen das Tageslicht durch kleine Luken fiel, die durch Weidengeflecht, Holzgitter oder Schweinsblasen nur notdürftig verschlossen waren, begann ein langer Arbeitstag für die ganze Familie.

Nur an Sonntagen und den zahlreichen Feiertagen waren die meisten Arbeiten streng verboten. Um die Bauern immer wieder daran zu erinnern, gab es in manchen Kirchen Bilder, die auf dieses Verbot hinwiesen.

1 *Berichtet über das Leben in einem Bauerndorf.*

2 *Erklärt mithilfe der Abbildung 1, welche Arbeiten an Sonn- und Feiertagen strikt verboten waren.*

3 *Überlegt, warum die Verbote in den Kirchen als Bilder aufgestellt wurden.*

4 *Gibt es heute ähnliche Verbote? Wenn ja, warum?*

Alltag der Bauernfamilien

Arbeiten einer Bäuerin

Besonders belastet waren die Bäuerinnen. Ein 1986 erschienenes Buch berichtet:

M1 ... Neben der Hilfe bei Heu- und Getreideernte verrichteten sie eine Fülle von Tätigkeiten in Haus, Garten und Feld, wie Dreschen des Korns, Versorgung des Groß- und Kleinviehs, Weiterverarbeitung der Milch zu Butter und Käse und Schlachten von Haustieren ... Zu den üblichen Arbeiten der Frau im bäuerlichen Haushalt gehörten die Betreuung des Herdfeuers, die Zubereitung der Speisen und die Anlage von Vorräten ... Typisch weibliche Tätigkeiten waren die Verarbeitung von Hanf und Flachs und das Spinnen und Weben von Leinen ... Für den Zusammenhalt der bäuerlichen Hausgemeinschaft und für das Funktionieren der Bauernwirtschaft überhaupt übte die Bäuerin also eine unersetzbare Funktion aus. Einen Bauernhaushalt ohne Frau zu führen, war schlechterdings nicht möglich. Harte, entsagungsvolle Arbeit vom Morgen bis zum Abend bestimmte den Alltag der Bäuerin ...

Das Leben der Kinder

Die frühen Heiraten führten zu zahlreichen Geburten. Kinderkrankheiten, der Schmutz in den Bauernhäusern und die fehlende Hygiene ließen viele Kinder im Säuglings- oder Kleinkindalter sterben; von 12 bis 14 Neugeborenen blieben in der Regel nur drei bis fünf Kinder am Leben. Schon mit fünf oder sechs Jahren mussten sie im Haushalt, Garten oder Stall mithelfen, um möglichst bald mit allen anfallenden Arbeiten vertraut zu werden. Niemand hielt es für nötig, diesen Kindern auch Lesen oder Schreiben beizubringen.

5 *Stellt die Aufgaben einer Bäuerin in einer Übersicht zusammen. Beachtet dazu die Hinweise auf S. 113 („Sachtexte verstehen").*

6 *Warum waren Kinder als Arbeitskraft für die Eltern so wichtig?*

7 *Überlegt zu zweit, wie ein Tag eines Mädchens in einem mittelalterlichen Dorf verlaufen sein könnte.*

8 *Neben den Sachtexten erzählen euch auch die Bilder auf dieser Doppelseite etwas von dem Leben der Bauern im Mittelalter. Wodurch unterscheiden sich die historischen Bilder z. B. von Bildern in einem heutigen Sachbuch?*

2 Buttern und Melken. Buchmalerei (Ausschnitt), um 1500.

3 Brot backen. Buchmalerei (Ausschnitt), um 1500.

4 Spinnen von Schafwolle. Kalenderminiatur (Ausschnitt), um 1530.

Butterfass
(siehe Abb. 2): Ohne Kühlgeräte konnte man frische Milch nicht lange aufbewahren. Man konnte aus Milch aber Butter und Käse herstellen, die länger haltbar waren. Um Butter zu gewinnen, ließ man Milch einige Zeit in flachen Gefäßen stehen, bis sich eine dickflüssige Rahmschicht bildete. Der Rahm wurde abgeschöpft und im Butterfass gestoßen, bis sich das Fett absetzte. Aus etwa 30 Litern Milch konnte man ein Kilogramm Butter herstellen.

Hildegard, eine Bauerstochter, berichtet:
Wichtig ist, dass ich die Stall-, Feld- und Hausarbeit lerne. Wenn ich einmal heirate, dann kann ich den Haushalt führen. Manchmal gehe ich mit der Mutter auf den Markt. Dort verkaufen wir Eier und Hühner. Abends muss ich beim Spinnen helfen. Oft helfe ich meiner Mutter beim Sammeln von Pilzen, Beeren und Bucheckern.

Leben in der Dorfgemeinschaft

Entscheidungen des Dorfgerichts

Die Dörfer im Mittelalter waren klein. Jeder kannte hier jeden. Man arbeitete gemeinsam, besuchte gemeinsam den Gottesdienst und gemeinsam feierte man auch die Dorffeste. Für dieses Miteinander gab es eine Bezeichnung: Man nannte es Nachbarschaft oder Gutnachbarlichkeit. Gutnachbarlichkeit bedeutete aber nicht, dass alle Dorfbewohner immer in Frieden miteinander gelebt hätten. Ganz im Gegenteil: Wo Menschen ziemlich dicht beieinander wohnen und wo die Höfe Zaun an Zaun stehen, kann es leicht zu Streit kommen. Und gleichfalls kann es zum Streit kommen, wenn jedermann eifersüchtig darüber wacht, ob ihm nicht irgendein kleiner Nachteil entsteht.

Fühlte sich jemand in seinen Rechten verletzt, so klagte er vor dem Dorfgericht. Es wurde geleitet vom Schulzen (Schulten, Schult heiß*). Das war ein besonders angesehener Bauer aus dem Dorf. Er wurde von den Dorfbewohnern gewählt oder vom Grundherrn ernannt.

Das Gericht tagte mehrmals im Jahr, und zwar immer an einem Sonntag, damit niemand der Arbeit fernbleiben musste. Die Gerichtsverhandlung fand unter der Dorflinde oder auf einem anderen öffentlichen Platz statt. Dem Schulzen standen zwei oder mehr Schöffen* als Berater zur Seite. Kläger und Beklagte brachten ihre Zeugen mit.

Zahlreiche Urteils- und Rechtssprüche dieser Dorfgerichte sind uns noch erhalten:

Q1 … Wenn einer dem anderen über sein Saatfeld Vieh treiben muss, soll er das Vieh an Stricken treiben, ohne der Saat zu schaden.
Will einer Mist oder anderes auf sein Feld oder Frucht und Heu heimfahren und muss er dabei über das Gebiet eines anderen, so darf er es nur mit Erlaubnis des Besitzers …
Wer beim Brande nicht zum Retten mit herzuläuft und doch höret das Klingen oder Anschlagen der Glocke oder Geschrei des Volkes und lässt das aus Neid oder wegen Feindschaft, der soll Buße zahlen.
Wer zuerst in die Mühle kommt, mahlt zuerst …

1 Dorfgericht unter der Linde. Aus einer Schweizer Bildchronik, 1513.

Die Urteils- und Rechtssprüche dieser Dorfgerichte wurden in Weistümer* übernommen, die als Gesetzessammlungen das Leben in der Dorfgemeinschaft regelten und Pflichten und Rechte der Dorfbewohner festlegten. Diese Gewohnheitsrechte wurden ursprünglich mündlich überliefert, seit dem 13./14. Jahrhundert aber aufgeschrieben und bildeten die Grundlage der Friedenswahrung und Rechtsprechung im Dorf.

1 *Nennt die Rechtsfälle, die in Q1 geregelt werden.*

2 *Beschreibt die in Abbildung 2 dargestellte Gerichtsszene und spielt folgende Situation: Ein Bauer will zur Heuernte über das Land seines Nachbarn fahren, was dieser ihm aber verweigert.*

Schultheiß*:
Er vertrat im Dorf den Grundherrn und war für die Einziehung der Abgaben zuständig. Da er gleichzeitig über einen großen Hof verfügte, war er eine der wichtigsten Personen in der Dorfgemeinschaft und in der Regel auch der Leiter des Dorfgerichts.

Schöffe*:
Ausgewähltes Mitglied der Dorfgemeinschaft, der zusammen mit dem Schultheiß die Tat eines Angeklagten bei Gericht beurteilte und die Strafe festlegte. Das Amt des Schöffen gibt es auch heute noch an deutschen Gerichten.

Weistümer*:
Gesetzessammlungen von mündlich überlieferten Gewohnheitsrechten.

Geschichte vor Ort: Eike von Repgow und der Sachsenspiegel

1 Das Eike-von-Repgow-Denkmal in Magdeburg. Das Denkmal zeigt Eike von Repgow mit einem Schwert.

Q1 … Dieses Recht habe ich mir nicht selbst ausgedacht. Es ist vielmehr von alters her von unseren rechtschaffenden Vorfahren überliefert worden. Spiegel der Sachsen sei deshalb dieses Buch genannt, weil mit ihm das Recht der Sachsen allgemein bekannt wird, wie durch einen Spiegel den Frauen das Antlitz, das sie erblicken.

Diese Sätze schrieb Eike von Repgow, ein Ritter, im Jahre 1225 auf der Burg Falkenstein bei Magdeburg.
Man weiß nicht viel über diesen Ritter, der vor über 800 Jahren lebte (1180–1233). Geboren wurde er vermutlich in Repgow, dem heutigen Reppichau (Kreis Anhalt-Bitterfeld). Er diente längere Zeit auf Burg Falkenstein. Eike von Repgow war kein Jurist, sondern ein Mann, der das bisher nur mündlich überlieferte Recht aufzeichnen wollte.
Alle Menschen im Reich der Deutschen sollten die Möglichkeit bekommen, sich jederzeit darüber zu informieren, was sie tun durften und was verboten war. Eike von Repgow zeigte dies immer an einfachen Beispielen aus dem Alltag der Menschen:

- Welches Fuhrwerk hatte Vorfahrt bei einer engen Straße?
- Wenn mehrere Bauern mit ihrem Getreide zur Mühle kamen, wer durfte dann sein Getreide als Erster mahlen lassen?

Der Sachsenspiegel zeigt uns die Welt der Menschen im Mittelalter – in Stadt und Land. Immer geht es um das Zusammenleben und darum, dass man in vielen Situationen Kompromisse schließen muss. Der Sachsenspiegel war das erste deutsche Rechtsbuch und blieb im Herzogtum Anhalt bis 1899 gültig.

Erinnerung an Eike von Repgow

In Sachsen-Anhalt wird die Erinnerung an Eike von Repgow wachgehalten. Straßen sind nach ihm benannt. In Magdeburg, Dessau, Halberstadt und Burg Falkenstein sind ihm Denkmäler gewidmet. Stadt und Universität Magdeburg verleihen einen Eike-von-Repgow-Preis. In Reppichau erinnert eine Ausstellung mit großen Bildtafeln aus dem Sachsenspiegel an ihn.

1 *Erklärt den Begriff „Sachsenspiegel".*

2 *Was wollte der Künstler in Abbildung 1 zum Ausdruck bringen?*

3 *Betrachtet Abbildung 2. Erklärt das Problem und benennt die Lösung.*

4 *Bei der Bildauswahl von Google findet ihr z. B. unter dem Stichwort Reppichau Bilder aus dem Sachsenspiegel. – Versucht diese Bilder zu erklären. Stimmen eure Erklärungen mit den Aussagen der Texte auf dieser Seite überein?*

2 Die Abbildung aus dem Sachsenspiegel zeigt die Fahrordnung auf einer Straße. Der untere Wagen ist nicht beladen. Buchmalerei, um 1350.

Fortschritte in der Landwirtschaft

*Die Sichel wurde seit dem 11. Jahrhundert durch die **Sense** ersetzt. Mit ihr konnten die Bauern rascher ernten und die Getreidehalme tief unten abschneiden. Übrig blieben nur kurze Stoppeln und der Halmschnitt brachte Winterfutter für die Stalltiere.*

1 **Pflügender Bauer.** Malerei, 14. Jahrhundert.

Brache*:
Damit der Boden sich erholen konnte, wurde ein Feld nicht bestellt, also nicht ausgesät, bearbeitet und geerntet.

Dreschen*:
Herauslösen der Getreidekörner aus den Ähren. Danach mussten die Getreidekörner noch von der Spreu, einem nicht verwendbaren Teil des Getreides, getrennt werden.

Neue Arbeitsgeräte und Techniken

Seit dem frühen Mittelalter löste der Räderpflug mit eiserner Pflugschar allmählich den Hakenpflug ab, der den Boden nur aufreißen konnte. Mit dem neuen Pflug konnte der Boden stärker aufgelockert werden und die im Boden befindlichen Nährstoffe gelangten leichter nach oben.

Für die Pferde wurde im 8. Jahrhundert eine ganz neue Art des Anschirrens entdeckt. Das Kummet, ein gepolsterter, versteifter Halsring, übertrug die Zuglast auf die Schulterblätter der Pferde und erhöhte so die Zugkraft auf das Vier- bis Fünffache. Zu einem verstärkten Einsatz von Pferden in der Landwirtschaft kam es erst im 12. Jahrhundert mit der Züchtung der schweren Landpferderasse.

Einfacher und ergiebiger wurde auch das Dreschen* durch den Einsatz von Dreschflegeln. Der Dreschflegel, der das zuvor übliche Ausschlagen mit dem Stock oder das Ausstampfen oder Austreten durch Tiere oder Menschen überflüssig machte, war in Mitteleuropa bis zum vorigen Jahrhundert in Gebrauch. Erst dann wurde er von der Dreschmaschine abgelöst.

Die Dreifelderwirtschaft steigerte die Erträge. Der regelmäßige Wechsel von Bebauung mit Winter- bzw. Sommergetreide und Brache* war ein großer Fortschritt. Im ausgehenden Mittelalter wurden auch die Brachflächen bebaut, z. B. mit Rüben.

1 *Fertigt mithilfe der Abbildung 2 eine Tabelle an: In die linke Spalte tragt ihr ein, welche Neuerungen in der Landwirtschaft eingeführt wurden; in der rechten Spalte nennt ihr die dadurch erzielten Verbesserungen.*

Neuerungen	Verbesserungen
...	...
...	...
...	...
...	...

2 *Untersucht mithilfe der Abbildung 3, wie sich das Verhältnis zwischen Aussaat und Ernteertrag zwischen 800 und 1200 veränderte. Was bedeutete das für die Menschen?*

Von der Sichel zur Sense

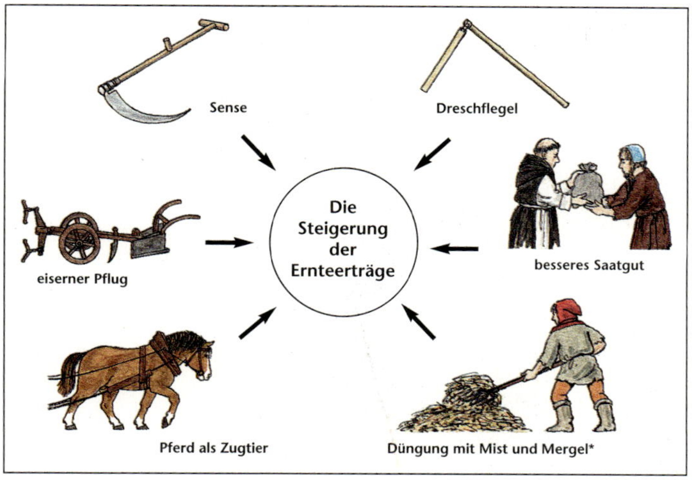

2 **Fortschritte in der Landwirtschaft.** Schaubild.

Mergel:* *Gestein aus Ton und Kalk.*

	um 800	um 1200
Aussaat	100 kg	100 kg
Ertrag	z.B. 100 kg, 50 kg	100 kg, 100 kg, 100 kg
Nach Abzug der Saatmenge für das neue Jahr bleiben für den Verbrauch:	50 kg	100 kg, 100 kg

3 **Verhältnis zwischen Aussaat und Ertrag bei der Getreideernte zwischen 800 und 1200.**

Wind- oder Wassermühlen *lösten die handgetriebenen Mühlen ab. Größere Mengen Getreide konnten jetzt in kürzerer Zeit gemahlen werden.*

Not macht erfinderisch

Zwei Bauern, Widrad und Ruodlieb, unterhalten sich über ihre Arbeit:

Q1 WIDRAD: Was habe ich mich heute wieder abgerackert. Mit dem Holzpflug ist es fast unmöglich, den harten Boden aufzureißen. Ich musste meinen Ochsen mit der Rute antreiben.

RUODLIEB: Warum besorgst du dir nicht das neue Kummetgeschirr? Damit geht es viel leichter. Man legt diesen Lederkragen dem Pferd einfach um den Hals, sodass beim Ziehen die Last gleichmäßig auf Brust und Schultern verteilt wird.

WIDRAD: Und das gibt es tatsächlich?

RUODLIEB: Ich habe es selbst ausprobiert. Meiner Meinung nach werden viele unserer mühsamen Arbeiten sowieso bald viel einfacher sein. Erst neulich sah ich zudem ein eigenartiges Gerät, das Sense heißt. Angeblich kann man damit viel schneller mähen als mit der Sichel.

WIDRAD: Dann sollte man aber auch einmal etwas für das Dreschen erfinden. Das anstrengende Schlagen mit den Stöcken mag ich am wenigsten, es bricht mir fast das Kreuz.

RUODLIEB: Sei unbesorgt! Kommt Zeit, kommt Rat.

3 *Gebt an, welche „modernen" Geräte in der Unterhaltung der beiden Bauern erwähnt werden. Worin liegt ihr Vorteil?*

Die deutsche Ostsiedlung

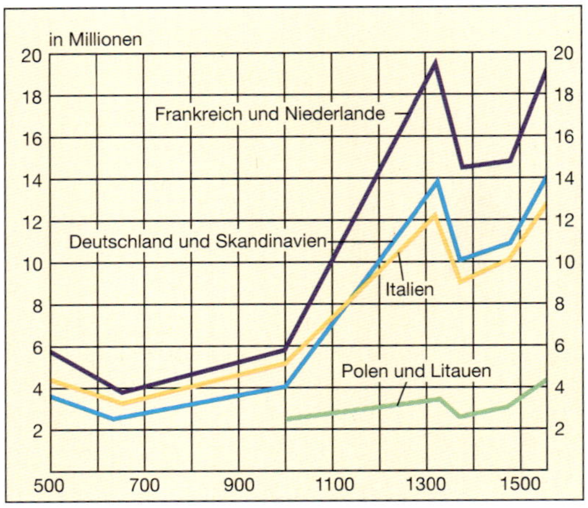

1 **Bevölkerungsentwicklung in Europa.**

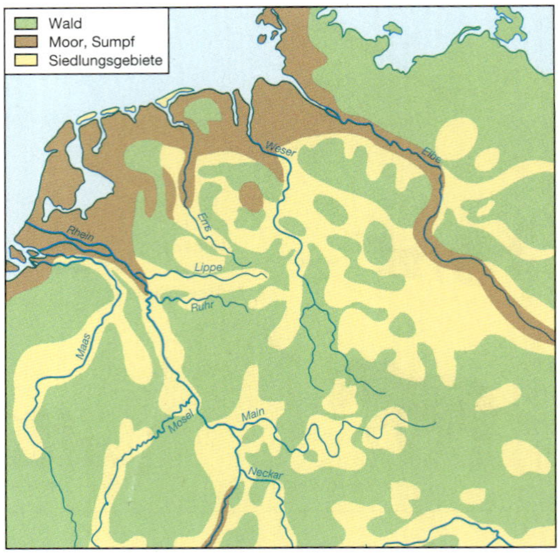

2 **Landschaftsbild um 1000 n. Chr.**

Auf der Suche nach neuem Ackerland

Durch die starke Bevölkerungszunahme in Westeuropa seit dem 11. Jahrhundert gerieten zahlreiche bäuerliche Familien in Not. In Norddeutschland erbte nur der älteste Sohn den Hof, alle anderen erhielten nichts. Wie sollten sie sich ernähren? In Süddeutschland wurde das vorhandene Ackerland unter allen männlichen Erben aufgeteilt. Schon bald aber reichten die kleinen Äcker kaum noch aus, um eine Familie zu versorgen. Naturkatastrophen verschlimmerten die Situation zusätzlich.

Der Mönch Sigebert von Gembloux berichtet in seinem Geschichtswerk zum Jahr 1144:

Q1 … Dieses Jahr brachte einen harten Winter mit viel Regen und Schlamm. Starke Waldbäume wurden entwurzelt, Kirchen, Türme und andere Gebäude, die man für fest gehalten hatte, größtenteils von Grund auf zerstört … Eine schwere Hungersnot bedrückte viele … und ließ die meisten Leute verarmen. Arme und auch wohlhabende Leute zwang der Hunger, abzuwandern, um dem Mangel zu entfliehen …

Viele Bauern begannen in den noch menschenleeren Gebieten Deutschlands Moore und Sümpfe trockenzulegen, an den Küsten Deiche und Marschen* anzulegen und Wälder zu roden. Die Eingriffe in die Natur waren weit reichend. Dass dadurch auch Umweltkatastrophen wie Bodenerosion*, Sinken des Grundwasserspiegels und Überflutungen verursacht wurden, war den Menschen des Mittelalters noch nicht bewusst. Auch negative wirtschaftliche Folgen verbanden sich mit dieser Urbarmachung. Der Wald diente der bäuerlichen Bevölkerung als wichtige Nahrungs- und Rohstoffquelle, wo sie Beeren, Pilze und Kräuter fand und auch ihren Bedarf an Brenn- und Bauholz deckte. Die Arbeit war zudem hart und gefährlich. Dennoch nahmen die Bauern diese Mühen auf sich, weil der Grundherr von dem gerodeten Land nur geringe Abgaben verlangte, auf Frondienste verzichtete und oftmals sogar Saatgut und Vieh zur Verfügung stellte.

Viele Ortsnamen erinnern noch heute an diesen Landbau. Es sind Orte, deren Namen auf -rode, -reuth, -ried, -wald, -brand, -hau, -moos, -brach oder -marschen endet.

1 *Schildert die Probleme in den bäuerlichen Familien.*

2 *Gebt mit eigenen Worten wieder, wie die Bauern die Probleme zu lösen versuchten.*

3 *Beschreibt die Folgen für die Natur.*

4 *Besprecht mit eurem Banknachbarn, an welche Tätigkeiten der Urbarmachung die Endungen von Ortnamen wie -rode, -reuth, -ried, -wald, -brand, -hau, -moos, -brach oder -marschen erinnern.*

5 *Erinnern auch in eurer Heimat Namen von Siedlungen an Urbarmachung?*

Marsch*:
Flaches Schwemmland am Meer mit fruchtbarem Boden, das als Weide oder Acker genutzt wird.

Erosion*:
Eine durch Wasser, Wind oder durch die Tätigkeit von Menschen (Abholzung, Überweidung, Entfernung schützender Hecken) verursachte Abtragung von Böden. Dadurch kann es zur Verringerung der Ernteerträge oder sogar zur Zerstörung von Böden kommen.

Zum Weiterlesen: Neues Land wird urbar gemacht

Die schon im Altertum bekannte Wassermühle ist ein großer Fortschritt gegenüber der alten Handmühle. Doch die Mühle gehört nicht dem Müller, sondern dem Grundherrn, der sie bauen ließ und auf dessen Boden sie steht. Seit dem 12. Jahrhundert tauchen auch Windmühlen auf. Jeder Dorfbewohner muss sein Korn in der Mühle des Grundherrn mahlen lassen. Der Grundherr hat das Monopol für den Betrieb der Mühle und erhebt von den Bauern Gebühren für das Mahlen. Er lässt sogar die alten Handmühlen beschlagnahmen, damit niemand heimlich mahlen kann.

Heu ist im Mittelalter knapp und Sensen sind sehr teuer. Der Bauer behandelt sie sorgfältig und schärft sie mit dem Wetzstein. Wenn es in einem trockenen Sommer nicht genug Gras gibt, fehlt es an Winterfutter. Das Vieh muss dann im November geschlachtet werden. Es ist der „blutige Monat" auf dem Land.

Das Schaf ist ein besonders wertvolles Tier. Seine Wolle wird geschoren, gesponnen und verwebt. Man isst sein Fleisch und verwertet sein Fett. Aus den Därmen stellt man Saiten für Musikinstrumente her. Aus der Milch der Mutterschafe wird Käse gewonnen.

Weitere interessante Informationen über das Leben der Bauern finden sich in dem Band von Pierre Miquel: So lebten sie zur Zeit der Ritter und Burgen. 1250–1350. Tessloff, Hamburg 1979.

Die Urbarmacher benutzen beim Roden eine große Axt, die schwerer ist als das Beil. Die Äste werden mit der Hippe, einem sichelförmigen Messer, abgeschlagen, die Baumstümpfe mit Pferdegespannen ausgerissen. Das Unterholz wird abgebrannt.

Die Gemüsegärten retten die Bauern oft vor dem Verhungern. Es wird viel vitaminreicher Kohl angebaut. Man kennt drei Salatsorten, Karotten, Zwiebeln, Knoblauch und Petersilie, Schalotten, Kerbel und vor allem Erbsen, die mit Speck gekocht werden.

Dörfer und Städte werden gegründet

1 **Die deutsche Ostsiedlung.**

Auswanderung nach Schlesien

Zahlreiche slawische Fürsten in Ungarn, Polen, Böhmen und Schlesien sandten ihre Boten nach Süddeutschland, nach Holland, Friesland und Flandern aus, um deutsche Siedler ins Land zu holen. Viele folgten dem Ruf und wanderten aus, z. B. nach Schlesien.

Die slawischen Bewohner Schlesiens waren schon lange Christen. Ihre Fürsten und Herzöge unterhielten zahlreiche Verbindungen zu adligen Familien in Deutschland; viele von ihnen waren mit den Töchtern deutscher Adliger verheiratet. Eine deutsche Frau hatte auch Herzog Heinrich I.: Hedwig, die Tochter des bayerischen Grafen von Andechs, war im Jahr 1186 nach Schlesien gekommen. Voller Verwunderung sah sie, dass die schlesischen Bauern die Dreifelderwirtschaft noch nicht kannten. Den Boden pflügten sie noch mit einem hölzernen Hakenpflug, der die Erde nur aufritzen konnte. Die Ernteerträge waren deshalb nur gering und die Menschen arm. Auch das städtische Leben, Handwerk und Handel hatten sich noch nicht entfaltet. Auf ihre Bitte holte der Herzog deutsche Bauern, Kaufleute und Handwerker, auch Mönche, vor allem Zisterzienser*, ins Land.

Zisterzienser*: *1098 als Orden begründet, benannt nach dem Kloster Citeaux in Burgund; bedeutendster Vertreter: Bernhard von Clairvaux. Die Zisterzienser errichteten ihre Klöster in der Einöde und machten das Land urbar.*

Hufe*: *Im Mittelalter Bezeichnung für eine bäuerliche Hofstätte mit Ackerland und Anteil an der Allmende – den Wäldern und Weiden, die die Dorfbewohner gemeinsam nutzten. Die Größe einer Hufe betrug etwa 10 ha und reichte aus für den Lebensunterhalt einer Familie.*

Breslau wurde zum Mittelpunkt des Landes und am schlesischen Hof entwickelte sich die ritterliche Kultur in einer glanzvollen Hofhaltung. Wie ihre Nichte Elisabeth von Thüringen speiste Hedwig Arme, pflegte Kranke und war gütig gegenüber jedermann. Deshalb wurde sie nach ihrem Tod 1243 heilig gesprochen und wird als Patronin Schlesiens verehrt.

In einer Urkunde aus dem Jahr 1250 heißt es:

Q1 … 1. Wer als Siedler in der Stadt wohnen will, genießt sechs Freijahre. Er wird weder zur Steuer noch zur Heerfahrt gezwungen, außer bei unmittelbarer Gefahr für die Landschaft …

3. Wir gewähren freien Fischfang innerhalb einer Meile, freies Bauholz, freie Niederjagd beiderseits der Oder, sechs große Hufen* als Weide.

4. Die Siedler können ihre Geschäfte in unserem Land ohne Zoll und Abgaben treiben …

1 *Erklärt mithilfe von Q1 und der Abbildung 2, warum der Herzog deutsche Siedler ins Land rief.*

2 *Spielt folgende Szene: Eine deutsche Familie überlegt, ob sie dem Aufruf zur Auswanderung folgen soll. Welche Argumente sprechen dafür, welche dagegen?*

Dörfer und Städte werden gegründet

2 Ein Dorf wird gegründet. Buchmalerei, 14. Jahrhundert.

Die Ostkolonisation

Die Lokatoren* hatten großen Erfolg: Viele Menschen waren bereit, ihre alte Heimat zu verlassen und in die unbekannten Länder fern im Osten zu ziehen. Man schätzt ihre Zahl auf etwa 600 000. So folgten ihnen:

- junge Adlige, die vom Ertrag ihres kleinen Lehens nicht mehr leben konnten;
- Bauern, die sich der Unterdrückung und Ausbeutung durch den Grundherrn entziehen wollten;
- Handwerker und Kaufleute, die sich bessere Verdienstmöglichkeiten erhofften.

Hatten die Werber einen Zug Auswanderer mit Familie, Hausrat und Vieh zusammen, zogen sie los. Oft monatelang dauerte der beschwerliche Marsch in die neue Heimat. Hier angekommen vermaß der Werber das zugewiesene Land, das dann unter den Siedlern verlost wurde, und leitete die Rodung. Als Belohnung erhielt er zumeist das Schultheißenamt und oft auch das alleinige Recht, Bier auszuschenken oder Getreide zu mahlen. Da die Grundherren die Siedler brauchten, gewährten sie ihnen gute Bedingungen: Sie mussten nur geringe Abgaben zahlen, meist keine Frondienste leisten und waren persönlich frei. Land zu roden, Felder und Dörfer anzulegen war sehr mühsam. Ein oder zwei Jahre konnte es bis zur ersten Ernte dauern. Ein Spruch der Siedler zeigt, dass der Erfolg sich erst langsam – für manche zu spät – einstellte: „Der Erste hat den Tod, der Zweite die Not, der Dritte das Brot."

Gleichzeitig mit den Dörfern wurden auch zahlreiche Städte gegründet. Sie wurden planmäßig angelegt, zumeist mit einem großen rechteckigen Marktplatz im Schnittpunkt der Hauptstraßen, von prächtigen Bürgerhäusern umgeben. In ihnen lebten die Bürger nach deutschem Recht, z. B. nach dem Nürnberger oder Magdeburger Stadtrecht (siehe S. 73). Die Städte wurden Zentren der Verwaltung und des Handels für die nähere und weitere Umgebung. Viele von ihnen wie z. B. Prag und Breslau, Krakau und Danzig, Posen und Stettin wurden wegen ihrer Größe und ihres Reichtums berühmt. Zwar bestimmten die deutschen Auswanderer oftmals die rechtlichen, wirtschaftlichen und kulturellen Grundlagen des Zusammenlebens mit der einheimischen slawischen Bevölkerung, dennoch konnte diese ihre Kultur und Eigenständigkeit aber weitgehend erhalten. Über Jahrhunderte hinweg bestand ein friedliches Mit- und Nebeneinander der unterschiedlichen Völker und Kulturen in Osteuropa. Erst das übersteigerte Nationalbewusstsein des 19. Jahrhunderts entzweite die Menschen und führte im 20. Jahrhundert zu zwei Weltkriegen. Die deutschstämmige Bevölkerung war zu Flucht und Auswanderung, zur Rückkehr in die alte Heimat gezwungen.

3 *Erklärt den Spruch der Siedler „Der Erste hat den Tod, der Zweite ...".*

4 *Ein slawischer Bauer berichtet seinem Nachbarn von der Ankunft deutscher Siedler. Welche Empfindungen könnte er geäußert haben?*

Lokatoren*
(von lat. locus = Ort, Stelle): Unternehmer, die im Auftrag der Landes- und Grundherren Dorf- oder Städtegründungen im Zuge der Ostkolonisation durchführten, Siedler anwarben und die Grundstücke verteilten. Sie wurden meist mit doppeltem Landanteil und besonderen Ämtern und Rechten entlohnt.

Die Welt der Ritter

1 Page beim Tischdienst. Buchmalerei.

Der Ritterstand – ein neuer Stand

Reiterkrieger gab es schon etwa seit dem 8. Jahrhundert. Ihre Ausrüstung war sehr teuer. Ein Reitpferd z. B. hatte den Wert von acht Ochsen; eine Panzerrüstung kostete so viel wie ein kleiner Bauernhof. Außerdem mussten die Reiterkrieger sich ständig im Kriegsdienst üben und jederzeit bereit sein, mit ihrem Lehnsherrn in den Krieg zu ziehen. Nur Adlige mit genügend hohem Einkommen waren dazu in der Lage.

Um für die vielen Kriege immer genügend Reiterkrieger zu haben, erhielten auch Nichtadlige ein Lehen. Sie wurden Verwalter auf Burgen oder waren sogar Heerführer. In ihrer Lebensweise glichen sie sich dem Adel an. Zusammen bildeten sie bald einen neuen Stand: den Ritterstand. Im Verlauf des 12. Jahrhunderts konnte nur noch der Ritter werden, dessen Vater bereits Ritter war.

Ausbildung zum Ritter

Die Erziehung zum Ritter begann mit dem siebten Lebensjahr. Der Junge wurde an den Hof eines anderen Ritters gegeben. Dort lernte er als Page zunächst höfisches Benehmen, d. h. ein Betragen, wie es an einem Adels- oder Königshof üblich war, vor allem das Benehmen bei Tisch.

In einer Anweisung aus dem Jahr 1250 heißt es:

Q1 … Man schmatzt und rülpst auch nicht und schnäuzt nicht in das Tischtuch. Ein Edelmann isst nicht mit einem anderen zusammen vom gleichen Löffel … Es ist bäuerliche Sitte, mit angebissenem Brot wieder in die Schüssel einzutunken. Aus der Schüssel trinkt man nicht wie ein Schwein. Wird einem das Trinkgefäß gereicht, soll man sich den Mund abwischen und nicht in den Trunk blasen und nicht zu viel heraustrinken …

1 *Erklärt, was ihr über den Ritterstand erfahren habt.*

Um Schreiben und Lesen musste sich ein zukünftiger Ritter nicht kümmern. Jagd und Waffenhandwerk bestimmten die Ausbildung. Mit 14 Jahren erhielt der Page ein Schwert. Als Knappe trug er nun Speer und Schild des Lehrmeisters und bediente ihn beim Essen.

Mit 21 Jahren wurde der Knappe anlässlich einer Feier, der so genannten Schwertleite, zum Ritter geschlagen. Die Nacht davor verbrachte er mit Gebeten in der Kapelle, bevor ihn andere Knappen in die Messe führten. Hier empfing er nach dem Rittergelübde sein Schwert, das der Priester gesegnet hatte.

2 *Vergleicht das Leben eines Pagen mit dem eines heute 7-jährigen Jungen und das eines Knappen mit dem eines heute 14-Jährigen.*

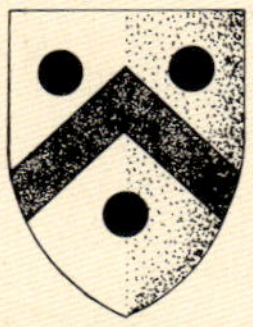

Wappen:
Wappenzeichen auf den Schilden halfen den Rittern, sich zu orientieren, wenn sie mit geschlossenen Visieren kämpften. Heiratete ein Ritter, so wurden die Wappen beider Familien auf dem Schild abgebildet. Heirateten die Nachkommen, wurde das Wappen viergeteilt usw.

CD-ROM-Tipps:

Quiz 1: Die Ritter – über 600 Fragen, vertrackte Rätsel, viele Spiele, für einen oder zwei Spieler. CD-ROM mit Beiheft. Tivola-Verlag, Berlin 1999.

Rittertum & Mittelalter. Streifzug durch eine faszinierende Zeit. CD-ROM. Theiss Verlag, Stuttgart 2000.

Der Knappe wird zum Ritter

2 **Ritter zu Pferd.** Buchmalerei, 14. Jahrhundert.

*Ein Ritter legt sein **Kettenhemd** ab. Darunter erscheint ein Hemd aus dickem Stoff, das den Druck des Eisengeflechts abpolstert. Buchmalerei, um 1300.*

Rüstung eines Ritters

Kein Ritter trug ständig seine Rüstung. Dazu war sie zu schwer und unbequem. Eine Ketten- oder Maschenrüstung wog schon 20 kg. Nach Einführung der Armbrust mit ihrer höheren Durchschlagskraft führte man den Plattenpanzer aus Stahl ein. Er wog bis 50 kg. Zwei Knappen waren nötig, um den Ritter zu rüsten. Fiel er im Kampf vom Pferd, war er recht hilflos. Half ihm sein Knappe nicht rechtzeitig auf die Füße, konnte er leicht getötet werden. Über der Rüstung trug der Ritter noch einen ärmellosen Waffenrock, der die leicht rostende Rüstung vor Feuchtigkeit schützen sollte und bei starkem Sonnenschein das Aufheizen der Rüstung milderte.

Das Aufkommen der Fern- und Feuerwaffen im 16. Jahrhundert machte die Ritter bedeutungslos. Die Rüstung bot keinen Schutz mehr und sie wurde nur noch bei festlichen Anlässen getragen oder als Prunkstück auf Gemälden dargestellt.

3 *Beschreibt mithilfe der Abbildungen auf dieser Seite die Ausrüstung eines Ritters.*

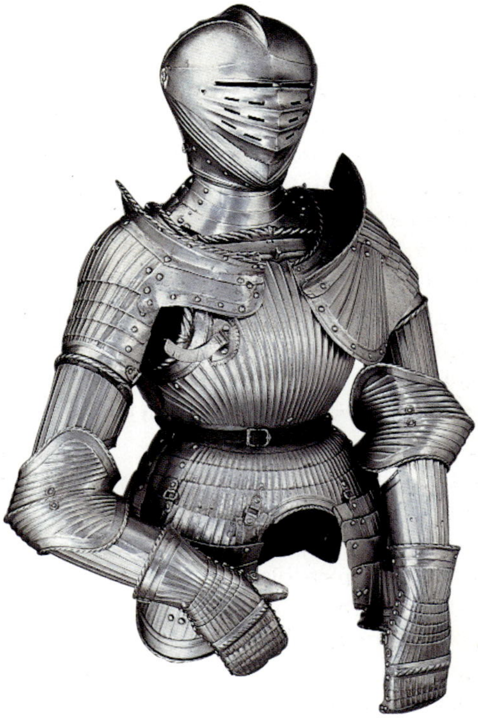

3 **Ritterrüstung (Harnisch).** Ende 15. Jahrhundert. Foto.

***Ritter** mit Topfhelm, Streitaxt und Schuppenpanzer.*

CD-ROM-Tipp:
Dietrich Hermann, Manfred Kühr, CD-ROM: Rittertum und Mittelalter. Theiss Verlag, Stuttgart 2000.

Ritter im Turnier

1 Ein Ritterturnier*. Buchmalerei für den Herzog von Burgund, um 1470.

Ritterturnier*:
Es gab drei unterschiedliche Formen des Turniers:
- *den **Buhurt**, einen Massenkampf zwischen zwei gleich großen Heerhaufen;*
- *die **Tjost**, einen Zweikampf, bei dem die Gegner nach mehreren Runden vom Pferd absteigen mussten, um den Kampf zu Fuß und mit dem Schwert fortzusetzen;*
- *den **Turnei**, der Kampf zwischen zwei Gruppen mit stumpfen Lanzen; Sieger war die Partei, die die meisten Gegner aus dem Sattel werfen konnte.*

Auf dem Turnierplatz

Nach dem Ritterschlag durfte der junge Ritter erstmals als Kämpfer an einem Turnier teilnehmen. Als Berufskrieger musste er sich ständig in der Beherschung seiner Waffen üben. Diesem Zweck dienten die Turniere. Sie waren aber zugleich prächtige und aufwändige Feste der ritterlich-höfischen Gesellschaft. Siege im Turnier galten als ebenso ehrenhaft wie Siege im Krieg. Der Turnierplatz war durch Schranken abgetrennt. Dahinter drängten sich die Zuschauer. Vornehme und edle Damen saßen auf einer Tribüne.

Beim Zweikampf kam es darauf an, dass der gepanzerte Ritter beim Aufeinandertreffen im schärfsten Galopp seinen Gegner mit der 3,70 m langen Stechlanze aus dem Sattel hob. Der Sieger erhielt aus der Hand einer Dame den Siegespreis. Der in den Sand gestoßene Gegner verlor oft Pferd und Rüstung an den Sieger. Manch armer Ritter erkämpfte sich dabei ein wertvolles Pferd und eine moderne Rüstung.

Nach den Einzelkämpfen begannen die Gruppenkämpfe. Scharen von Rittern stürmten aufeinander los.

In einer modernen Darstellung heißt es:

M1 … Man gab den Rossen die Sporen, zu kräftigem Stoß sprengten die Ritter aufeinander los. Mann und Ross sah man stürzen. Mächtig krachten die Speere, heftig stießen die Schilde aneinander, davon schwollen die Knie. Beulen und Wunden von den Speeren gab es genug, die Panzerringe bereiteten Schmerzen und manches Glied war verrenkt. Das Turnier war wirklich gut. Man verstach viele große Speere, und wer durch sie zu Boden gefällt wurde, der litt viel Schmerz durch Tritte …

1 *Seht euch die Abbildung 1 an und nennt verschiedene Personengruppen, die beim Turnier anwesend sind.*

2 *Nennt Gründe, warum Turniere für die Ritter wichtig waren.*

3 *Beschreibt mithilfe der Bilder auf S. 45 die Teilnahme des Ritters am Turnier.*

Ritterliche Beulen und Wunden

Nicht immer ging es mit Beulen und Wunden ab. Aus Listen, die uns überliefert sind, wissen wir, dass zahlreiche Adlige bei Turnieren getötet wurden.

Ritter im Turnier

2 Vom Abschied bis zur Heimkehr: Ritter im Turnier. Buchmalerei aus der Manessischen Liederhandschrift, 14. Jahrhundert.

Für die einfachen Ritter – die große Mehrheit der Turnierkämpfer – besitzen wir keine genauen Zahlen, da die Quellen nur über hochgestellte Ritter berichten. Doch vereinzelte Angaben zeigen, wie hoch die Gesamtverluste bei einem Turnier sein konnten. So blieben im Jahr 1241 bei einem Turnier in Neuss bei Köln 60 Ritter tot auf dem Platz.

4 *Bildet Gruppen und wählt ein Bild aus der Abbildung 2 aus. Entwerft zu eurem Bild ein kleines Rollenspiel.*

5 *Ein Knappe begleitet seinen Herrn zum ersten Mal zu einem Turnier. Nach Hause zurückgekehrt, berichtet er davon.*
Überlegt mithilfe der Abbildungen auf dieser Doppelseite sowie des Textes, was der Knappe erzählt haben könnte.

6 *Versucht herauszufinden, was folgende Redensarten aus der Rittersprache heute bedeuten:*
- *fest im Sattel sitzen,*
- *Böses im Schilde führen,*
- *sich die Sporen verdienen,*
- *sich aufs hohe Ross setzen.*

7 *Vergleicht die Ritterturniere des Mittelalters mit großen Sportveranstaltungen heute (Ausrüstung, Siegprämien, Rolle der Zuschauer usw.).*

Raubritter:
Als am Ende des Mittelalters die Ritter durch das Aufkommen der Feuerwaffen ihre militärische und politische Bedeutung verloren, sanken viele zu Raubrittern herab, die von Kaufleuten hohe Wegegebühren erpressten oder sie überfielen und ausplünderten.

Lesetipp:
Georges Duby, Die Ritter. dtv, München 2001.
Eine spannende Geschichte über das Leben der Ritter, von der Ausbildung bis hin zu den großen Turnieren.

Das Leben auf der Burg

1 Burg Neuenburg bei Freyburg an der Unstrut (Burgenlandkreis). Die Burg entstand in der ersten Hälfte des 12. Jahrhunderts.

Der Turm der Burg Saaleck bei Bad Kösen (12. Jahrhundert).

2 Westerburg (Landkreis Halberstadt). Die Burganlage gilt als die älteste erhaltene Wasserburg Deutschlands, erbaut wurde sie 770.

Wasserburgen und Höhenburgen

Im 12. Jahrhundert gab es im Reich der Deutschen über 19 000 Burgen. Heute gibt es noch etwa 6000. Eine Vielzahl dieser erhaltenen Burgen befindet sich in Sachsen-Anhalt.

Im Mittelalter dienten alle Burgen denselben Zwecken:

- Ausbau der Herrschaft über ein Gebiet,
- Sicherung von Handelswegen an Straßen, Flüssen und Häfen,
- Verteidigung in Kriegszeiten sowie
- Wohnsitz des Burgherrn.

Die auf Bergkuppen errichteten Burgen heißen Höhenburgen. Im flachen Gelände Norddeutschlands entstanden überwiegend Wasserburgen, die in einen Fluss oder See gebaut oder von künstlichen Wassergräben umgeben waren.

1 *Vergleicht die Burganlagen (Abb. 1 und 2) miteinander und sammelt Unterschiede und Gemeinsamkeiten.*

2 *Stellt fest, welche landschaftlichen Bedingungen zur Verteidigung der Burgen genutzt wurden.*

3 *Sprecht über die Aufgabe der einzelnen Anlagen bei einer Belagerung der Burg.*

Internettipp:
http://burgus.de/
(Wissenwertes über Ritterburgen)

Das Leben auf der Burg

3 **Mittelalterliche Burg.** Rekonstruktionszeichnung.

Leben auf der Burg

4 *Macht anhand der Abbildung 3 einen Rundgang durch die Burg und erklärt die Burganlage.*

Über sein Leben auf der Burg Steckelberg bei Fulda schrieb im Jahr 1518 der Reichsritter Ulrich von Hutten:

Q1 … Die Burg selbst, mag sie auf dem Berg oder im Tal liegen, ist nicht gebaut, um schön, sondern um fest zu sein. Sie ist von Wall und Graben umgeben und innen eng, da sie durch die Stallungen für Vieh und Herden versperrt wird. Daneben liegen die dunklen Kammern, angefüllt mit Pech, Schwefel und dem übrigen Zubehör der Waffen und Kriegswerkzeuge. Überall stinkt es, dazu kommen die Hunde mit ihrem Dreck, eine liebliche Angelegenheit, wie sich denken lässt, und ein feiner Duft.
Reiter kommen und gehen, unter ihnen sind Räuber, Diebe und Banditen. Denn fast für alle sind unsere Häuser offen, entweder, weil wir nicht wissen, wer ein jeder ist, oder weil wir nicht weiter danach fragen.
Man hört das Blöken der Schafe, das Brüllen der Rinder, das Hundegebell, das Rufen der Arbeiter auf dem Feld, das Knarren und Rattern von Fuhrwerken und Karren. Ja wahrhaftig, auch das Heulen der Wölfe wird im Haus vernehmbar, da der Wald so nahe ist. Der ganze Tag, vom frühen Morgen an, bringt Sorge und Plage, beständige Unruhe und dauernden Betrieb. Die Äcker müssen gepflügt und gegraben werden; man muss eggen, säen, düngen, mähen und dreschen. Es kommt die Ernte und Weinlese. Wenn es dann einmal ein schlechtes Jahr gewesen ist, wie es bei jener Magerkeit häufig geschieht, so tritt furchtbare Not und Bedrängung ein. Bange Unruhe und tiefe Niedergeschlagenheit ergreifen alle …

5 *Berichtet, was der Reichsritter Ulrich von Hutten auf der Burg Steckelberg erlebt hat.*

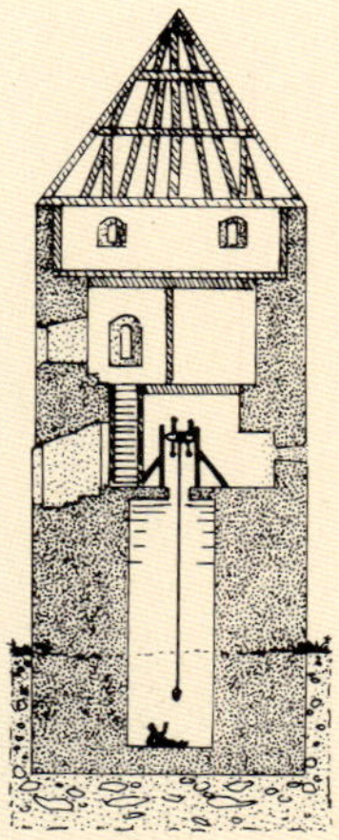

Schnitt durch einen Bergfried.
Der Bergfried war der Hauptturm der Burg und bei Belagerungen der letzte Zufluchtsort. Sein Eingang war nur über eine Leiter erreichbar, die man einziehen konnte. Im unteren Teil des Bergfrieds befand sich oft ein Gefängnis, das Verlies.

Palas:
Hauptgebäude der Burg mit Wohnräumen und einem meist im ersten Geschoss gelegenen großen Saal.

Schauplatz Geschichte: Auf der Burg

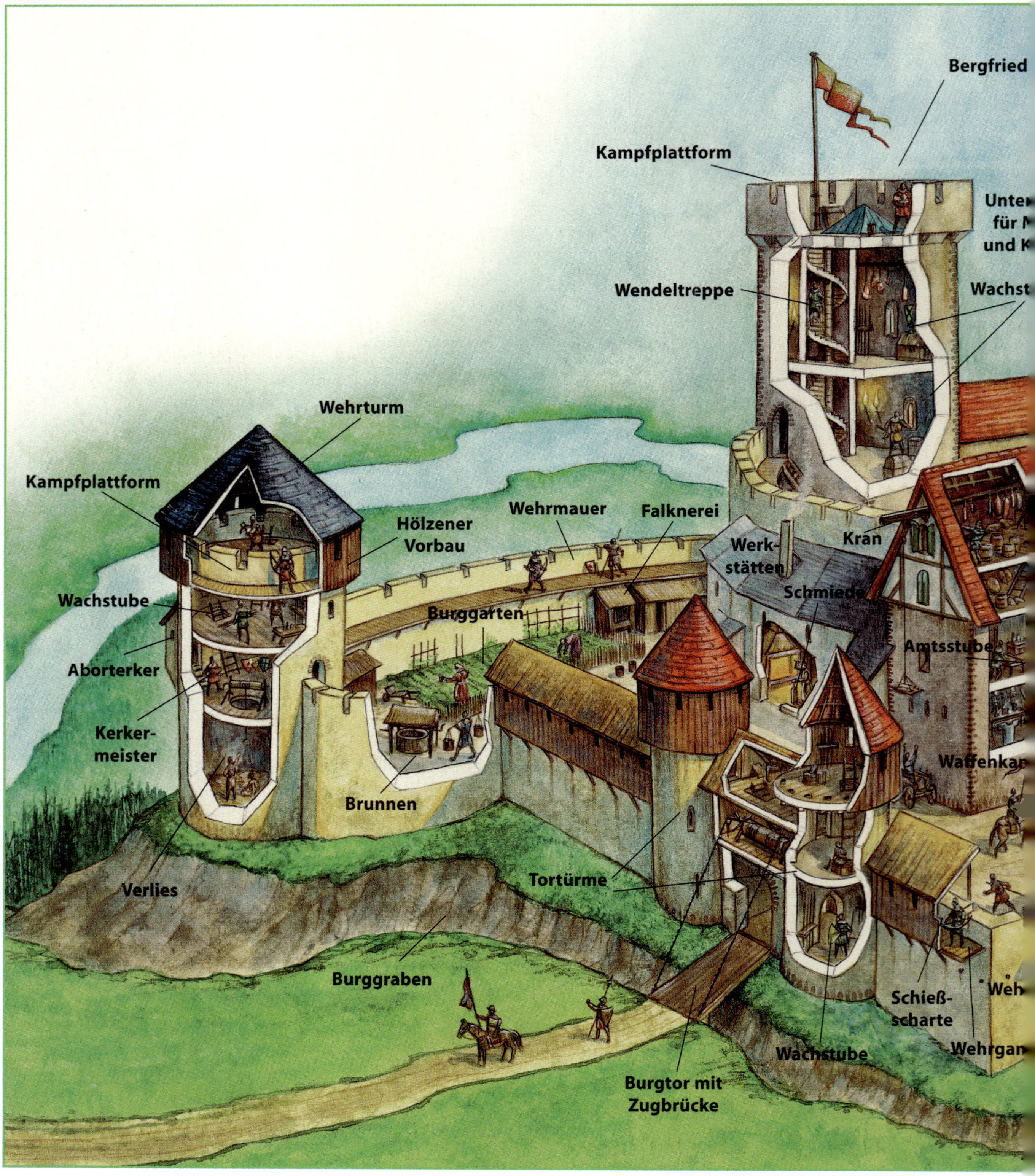

Wehrturm
Wohnräume des Burgherrn und seiner Familie
Palas
Kemenate
Großer Saal
Kamin
Brennholzlager
Brunnen
Plumpsklo
Spüle
Keller
Küche
Kapelle
Abfluss
Pferdestall
Torturm zur Hauptburg mit Fallgitter
Hölzener Vorbau (Hurde)

Geschichte vor Ort: Burgen – Vergangenheit wird greifbar

1 **Blick auf Burg Falkenstein im Harz.** Die Burg wurde 1115 erbaut.

Burgen in Sachsen-Anhalt

Im Jahre 1828 erschien folgendes Gedicht:

Q1 … An der Saale hellem Strande
Stehen Burgen stolz und kühn,
Ihre Dächer sind zerfallen,
Und der Wind streicht durch die Hallen, Wolken ziehen d'rüber hin …

Tatsächlich gab und gibt es in Sachsen-Anhalt besonders viele mittelalterliche Burgen, manche sind schon über 1000 Jahre alt. Viele Burgen sind schon zerfallen, man sieht nur noch einige Mauerreste, wie zum Beispiel bei der Burg Anhalt. Sie liegt auf dem „Großen Hausberg“ bei Ballenstedt (Landkreis Harz). Im Mittelalter gehörte sie zu den größten Burgen in Sachsen-Anhalt. Der Name „Anhalt“ stammt von dieser Burg.

Andere Burgen sind besser erhalten. Zu ihnen gehört die Burg Falkenstein in der Stadt Falkenstein/Harz, gelegen an der Straße der Romanik (siehe S. 21). Aufgrund ihrer günstigen Lage wurde sie nie erobert. Auf dieser Burg schrieb Eike von Repgow das erste deutsche Rechtsbuch, den Sachsenspiegel (siehe S. 35).
Gut erhalten sind auch die Burgen Neuenburg (Burgenlandkreis) und Westerburg (Landkreis Halberstadt, siehe beide S. 46).

1 *Informiert euch – auch mithilfe des Internets –, welche mittelalterlichen Burgen es in eurer Nähe gibt.*
Hilfen gibt es unter:
- ***www.burgenwelt.de/anhalt.htm***
- *Stichworte „Burgen“ „Sachsen-Anhalt“ unter **www.wikipedia.de***

2 **Die Ruine von Burg Anhalt (12. Jh.).** Zu sehen sind Reste der Kernburg und der Stumpf des Bergfrieds. Foto, 2003.

3 **Ritterspiele auf der Burgruine Regenstein.** Ein Ritter beim Turnier. Foto, 2009.

4 **Fechtende Ritter.** Foto, 2009.

Historische Feste

Historische Feste erinnern an bedeutsame Ereignisse. Diese Feste werden daher nur an diesem entsprechenden Ort gefeiert, man möchte damit die vergangenen Geschehnisse „greifbar" machen. Schauspiele, Turnierkämpfe, Umzüge in mittelalterlichen Gewändern und vieles mehr laden die Besucher ein, sich die Vergangenheit aus nächster Nähe anzuschauen. Manchmal haben diese Feste schon eine lange Tradition.

Auf manchen Burgen in Sachsen-Anhalt gibt es jährlich die Ritterfeste, so auch auf der Ruine der Burg Regenstein bei Blankenburg (Harz). Jedes Jahr im Sommer können Besucher hier beobachten, wie Ritter hoch zu Ross Einzug in die Burg halten. Dabei unterhalten Musikanten in mittelalterlichen Trachten die Besucher mit historischen Instrumenten wie Sackpfeifen, Flöten, Trommeln, Hörnern und Schalmeien. Gleichzeitig kann man den Handwerkern bei der Arbeit zusehen: den Waffenschmieden und Zinngießern, den Bogenbauern, Kerzenziehern und vielen anderen mehr. In alten Gewändern werden mittelalterliche Tänze vorgeführt.

2 *Vielleicht habt ihr auch schon einmal so ein Fest besucht oder mittelalterliches Marktreiben erlebt. Berichtet von euren Erfahrungen.*

3 *Stellt fest, ob solche Feste in eurer Umgebung stattfinden.*

4 *Informiert euch darüber, ob es diese Feste schon lange gibt und welche Hinweise auf das Leben in einer Burg man durch solche Feste erhalten kann.*

5 *Überlegt in Partnerarbeit: Wird das mittelalterliche Leben heute so dargestellt, wie es in der Vergangenheit war?*

5 **Musikanten auf dem mittelalterlichen Markt.** Foto, 2009.

Frauenleben in der Ritterzeit

1 **Frau beim Hanfschlagen.** Buchmalerei, 14. Jahrhundert.

2 **Ein Händler bietet der Burgherrin seine Waren an.** Buchmalerei, 14. Jahrhundert.

3 **Schach spielendes Paar.**

4 **Schreiberin (rechts im Bild) des Minnesängers Reinmar von Sweter.** Buchmalerei, 14. Jahrhundert.

Alle Bilder auf dieser Seite sind Buchmalereien aus der Manessischen Liederhandschrift, 14. Jahrhundert.

Frauenleben in der Ritterzeit

5 **Herstellung von Leinen:** Flachs bündeln, raufen, kämmen und spinnen. Im Hintergrund ein Handwebstuhl.

6 **Frauen im Garten.** Gemälde eines unbekannten Meisters, um 1410.

Die Erziehung der Mädchen

Auch die Töchter der Ritter wurden durch eine besondere Erziehung auf ihre zukünftigen Aufgaben vorbereitet. Auf der väterlichen Burg oder bei einem benachbarten Ritter erlernten die Mädchen neben den in den Bildern dargestellten Fähigkeiten vor allem das höfische Benehmen, manchmal sogar Fremdsprachen wie Französisch und Latein. Doch auch die Rolle der künftigen Hausfrau musste erlernt werden. Alle Kleidung z. B. musste von der Burgherrin und ihren Mägden selbst genäht werden. Die Mädchen verfügten über mehr Bildung als die Jungen. Dennoch war die rechtliche Stellung der Frau schlecht. Scheidungen waren unmöglich und vor Gericht galt die Frau lange als nicht „eidesfähig*“. Aber einige Frauen haben schon im Mittelalter um ihre Rechte gekämpft.

So schrieb im Jahr 1399 Christine de Pisan, eine Schriftstellerin, in ihrem „Rosenroman“:

Q1 … Viele Schriftsteller setzen die Frauen herab. Sie sagen, viele Frauen seien hinterhältig und verschlagen, falsch und wenig wert. Andere sagen, viele seien verlogen, wechselhaft, unbeständig und leichtsinnig.

In den Evangelien und in der Apostelgeschichte sind keine solchen Schlechtigkeiten bezeugt, sondern viel Gutes: große Tüchtigkeit, Klugheit, Vernunft und Standhaftigkeit, vollkommene Liebe und fester Glaube.

Nach seinem Tod war Jesus von allen verlassen, außer von den Frauen. Und große Ehre erwies Gottvater der Frau, die er zu seiner Gemahlin und Mutter machte. Niemals hat Gott jemanden, abgesehen von Jesus, von ähnlicher Würde erschaffen. Aus diesen gerechten und wahren Beweisen schließe ich, dass alle vernünftigen Männer die Frauen loben, lieben und nicht herabsetzen sollen. Jeder Mann muss der Frau gegenüber zärtlich sein. Sie ist die Mutter eines jeden Mannes …

1 *Beschreibt mithilfe der Abbildungen und des Verfassertextes, welche Tätigkeiten von Frauen ausgeübt werden.*

2 *Jungen und Mädchen wurden in der ritterlichen Welt recht unterschiedlich erzogen. – Überlegt, wie das heute ist.*

3 *Vergleicht in Q1 die Aussagen über Frauen aus der Sicht mittelalterlicher Schriftsteller mit den Aufzeichnungen der Bibel.*

Eid:
Feierliches Gelöbnis, auch „Schwur“ genannt. Im Mittelalter wurde unter Anrufung Gottes die Wahrheit einer Behauptung oder die zukünftige Einhaltung bestimmter Verpflichtungen beschworen.

Lesetipps:
Regine Pernoud: Ein Tag im Leben einer Burgherrin. Echter Verlag, Würzburg 1996.

Ursula Koch: Elisabeth von Thüringen. Brunnen-Verlag, Gießen 1998.

Die Kreuzzüge: Kriege im Namen Gottes

1 **Urban II. ruft in Clermont zum Kreuzzug auf.** Miniatur.

Islam*
(arabisch = heil, unversehrt sein):
Die von Mohammed begründete Weltreligion.

Pilger*
(lateinisch = in der Fremde sein):
Eine Person, die aus religiösen Gründen eine Reise zu einem heiligen Ort unternimmt. Die Reise selbst nennt man auch „Wallfahrt", die Tätigkeit „pilgern". Die Pilgerreise wird oft zu Fuß unternommen.

CD-ROM-Tipp:
Kreuzzüge. Verschwörung im Königreich des Orients. CD-ROM. Berlin 1998.

Christliche und muslimische Ritter kämpfen für ihren Glauben

In Arabien lebte im 6. Jahrhundert n. Chr. Mohammed. Er begründete den Islam*. Arabische Truppen drangen von Arabien aus immer weiter vor, um den neuen Glauben zu verbreiten. Sie eroberten im 8. Jahrhundert schließlich auch Spanien und große Gebiete Portugals. Christen und Muslime konnten unter der Herrschaft der Araber aber weiterhin friedlich zusammen leben.

Dies friedliche Zusammenleben änderte sich schlagartig erst im 11. Jahrhundert. Die Seldschuken, ein türkisches Reitervolk, eroberten Syrien und Palästina. Christliche Pilger* auf dem Weg nach Jerusalem wurden überfallen und ermordet. Im Jahre 1095 rief Papst Urban II. dazu auf, die Heiligen Stätten in Jerusalem zu befreien. „Gott will es", so rief er einer Versammlung von Bischöfen zu, die sich in diesem Jahr in Clermont (Frankreich) versammelt hatten (siehe Bild 1). In seinem Aufruf an die Bischöfe hieß es dann weiter:

Q1 … Ihr Volk der Franken, ihr seid Gottes geliebtes und auserwähltes Volk. An euch richtet sich unsere Rede: Von Jerusalem und Konstantinopel kam schlimme Nachricht zu uns. Ein fremdes und gottloses Volk hat die Länder der dortigen Christen besetzt und durch Mord, Raub und Brand entvölkert. Die Kirchen wurden gründlich zerstört oder beschlagnahmt … Unerschrockene Ritter, gedenkt der Tapferkeit eurer Väter. Das Land, in dem ihr wohnt, ist von euch viel zu dicht bevölkert. Es hat keinen Überfluss an Reichtum und liefert seinen Bauern kaum die nötigste Nahrung.
Tretet den Weg zum Heiligen Grab an, nehmt das Land dort dem gottlosen Volk, macht es euch untertan. Jerusalem ist der Mittelpunkt der Erde, das fruchtbarste aller Länder. Wir aber erlassen allen gläubigen Christen, die gegen die Heiden die Waffen erheben, alle Strafen, die die Kirche für ihre Sünden über sie verhängt hat …

1 *Nennt die Hinweise, mit denen der Papst die Zuhörer für den Kreuzzug gewinnen will.*

2 *Welches Bild von den Muslimen entwirft der Papst in seiner Predigt?*

3 *Nehmt Stellung zu der Aussage: „Gott will es!"*

4 *Erarbeitet mit eurem Banknachbarn eine Erklärung für das Wort „Kreuzzug".*

Juden sind die ersten Opfer

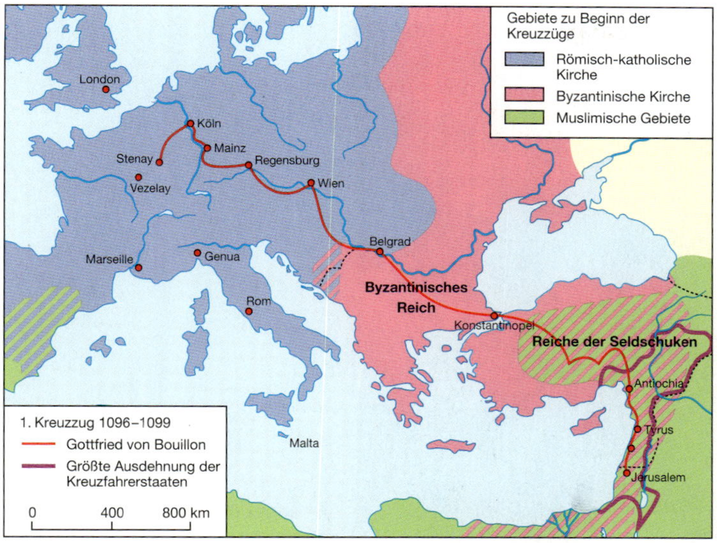

2 **Der erste Kreuzzug.**

Die Kreuzfahrer – ein wilder Haufen?
Die Würzburger Jahrbücher berichten 1147 über die Motive der Kreuzfahrer Folgendes:

Q2 … Verschieden aber waren ihre Absichten: Die einen nämlich, gierig nach Neuigkeiten, gingen, um neue Länder zu sehen. Andere, gezwungen durch Armut, … waren bereit, gegen die Feinde des christlichen Kreuzes zu kämpfen, wo immer es ihnen günstig erschien, um ihre Armut zu lindern. Ferner gab es Leute, die von Schulden gedrückt wurden, wieder andere waren bestrebt, die ihrem Herrn geschuldeten Dienste loszuwerden, oder sie erwarteten sogar für ihre Verfehlungen die verdienten Strafen … Es fanden sich kaum welche, die von heiliger oder heilsamer Absicht geleitet wurden …

5 *Stellt anhand von Q2 Gründe für die Beteiligung an den Kreuzzügen zusammen.*
6 *Vergleicht in Q2 die Motive der Kreuzfahrer mit denen des Papstes (Q1). Was stellt ihr fest?*

Aufbruch zum ersten Kreuzzug
Wanderprediger verbreiteten den Aufruf des Papstes zum Kreuzzug in ganz Europa. Die Begeisterung der Menschen war groß; Hunderttausende waren bereit, Familie und Heimat zu verlassen, um unter dem Zeichen des Kreuzes ins Heilige Land zu ziehen. Nicht nur religiöse Motive wie die versprochene Vergebung der Sünden und das ewige Leben für die im Kampf Gefallenen führten zu einem Massenaufbruch von Adligen und Rittern, Bauern und Handwerkern, aber auch Dieben und Räubern. Auch Abenteuerlust und die Hoffnung auf reiche Beute waren Gründe für die Teilnahme am Kreuzzug.
Im Jahr 1096 brachen Ritterheere, u. a. unter der Führung des Herzogs von Lothringen, Gottfried von Bouillon, und auch ungeordnete, wilde Haufen des einfachen Volkes auf. In mehreren Wellen zogen die Teilnehmer des ersten Kreuzzugs Richtung Osten. Die Gesamtzahl betrug etwa 320 000 Männer, Frauen und sogar Kinder, von denen nur die wenigsten ihr Ziel erreichen sollten. Für die auf ihrem Weg liegenden jüdischen Gemeinden hatte dies schlimme Folgen: In Worms und Speyer, Köln, Prag und anderen Städten wurden jüdische Häuser und Synagogen geplündert und zerstört, über 5000 Juden ermordet.
Der Hass der Kreuzfahrer auf die Muslime war umgeschlagen in einen Hass gegen Andersdenkende überhaupt – gegen Nichtgläubige, gegen Ketzer*, vor allem aber gegen Juden.

7 *Verfolgt anhand der Karte 2 den Weg der Kreuzfahrer. Welche Schwierigkeiten hatten sie zu überwinden?*
8 *Erklärt die Aussage „Der Hass der Kreuzfahrer auf die Muslime war umgeschlagen in einen Hass gegen Andersdenkende überhaupt …“.*

1095–1099:
Erster Kreuzzug

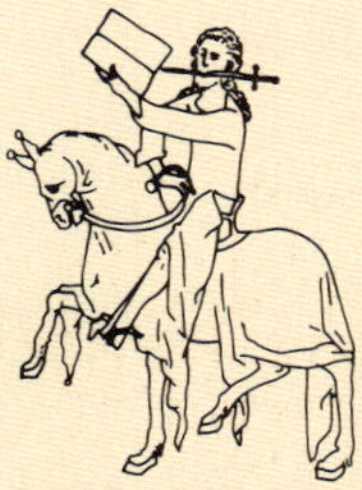

Christus als Anführer der Kreuzfahrer.
Buchmalerei, 13. Jahrhundert.

Ketzer*:
Menschen, die der amtlichen Kirchenlehre widersprechen.

Lesetipp:
Harald Parigger, Der schwarze Mönch. dtv, München 1998.

Der Kampf um Jerusalem

1 Lager der Kreuzfahrer vor Jerusalem. Zeitgenössische Miniatur.

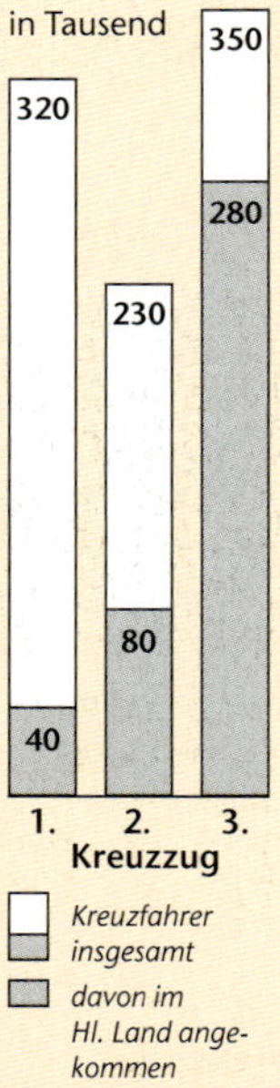

Beteiligung von Kreuzfahrern an den drei Kreuzzügen.

Blutbad in Jerusalem

Nach drei Jahren erst erreichten die Kreuzfahrer das Heilige Land, aber die Strapazen des Marsches, Krankheiten, das ungewohnte Klima und die ständigen Überfälle der Seldschuken hatten bereits viele Tote gefordert. Weitere schwere Kämpfe folgten, bis die Kreuzritter vor ihrem Ziel standen: Jerusalem. Fünf Wochen lang dauerte die Belagerung, dann erst konnten sie nach erbittertem Widerstand der Verteidiger im Juli 1099 in die Stadt eindringen und sie erobern. Unter der Bevölkerung richteten die Sieger ein grausames Blutbad an.

Wilhelm von Tyrus, ein christlicher Geschichtsschreiber, schildert fast 100 Jahre später die Eroberung Jerusalems:

Q1 … Sofort durchzogen die Ritter die Straßen und Plätze der Stadt. Alle Feinde, die sie finden konnten, streckten sie mit dem Schwert nieder. Bald lagen überall so viele Erschlagene, dass man nur noch über Leichen gehen konnte. Über zehntausend Feinde sollen in diesem Bezirk umgebracht worden sein. Es geschah sicherlich nach dem gerechten Urteil Gottes, dass die, welche das Heiligtum des Herrn mit ihren abergläubischen Gebräuchen entweiht hatten, es mit ihrem eigenen Blut reinigen mussten. Als endlich auf diese Weise die Ordnung der Stadt hergestellt war, legten sie die Waffen nieder, wuschen sich die Hände und zogen reine Kleider an. Dann gingen sie mit demütigem und zerknirschtem Herzen an den heiligen Orten umher, an denen auch Christus gewesen war …

Der islamische Historiker Ibn-al-Atir (1160 bis 1223) berichtete, dass allein in der al-Aksa-Moschee mehr als 70 000 Muslime, selbst wehrlose Frauen und Kinder, getötet worden seien. Die das Massaker Überlebenden verloren ihren Besitz und wurden oftmals versklavt. Zum neuen Herrscher wurde Gottfried von Bouillon als „Beschützer des Heiligen Grabes" gewählt, dessen Machtbereich ganz Palästina und Syrien umfasste. Diesem ersten blutigen Kreuzzug sollten bis zum Jahr 1270 noch sechs weitere folgen.

1 *Beschreibt mithilfe der Informationen dieser Seite die Eroberung Jerusalems.*

2 *Erarbeitet, aus welcher Perspektive Wilhelm von Tyrus (Q1) die Ereignisse darstellt.*

3 *Ein Kreuzfahrer schreibt einen Bericht über die Eroberung Jerusalems an seine Angehörigen. Überlegt, was er über die Bewohner Jerusalems berichten wird.*

4 *Ein Bewohner Jerusalems, ein Muslim, berichtet seinen Angehörigen über das gleiche Ereignis. Schreibt dazu eine kurze Erzählung.*

5 *Sprecht über das Vorgehen der Kreuzfahrer und versucht, euch ein Urteil zu bilden.*

Die Kreuzfahrer leben im Orient

2 **Kreuzfahrerburg Krak des Chevaliers in Syrien.**

Über die Kreuzfahrer schrieb Abt Fulcher (1059–1127) von Chartres:

Q2 ... Wir, die wir Abendländer* waren, sind Orientalen geworden; dieser, der Römer oder Franke war, ist Galiläer oder Bewohner Palästinas geworden; jener, der in Reims oder Chartres wohnte, betrachtet sich als Bürger von Tyrus oder Antiochia ... Manche von uns besitzen in diesem Land Häuser und Diener ..., ein anderer hat eine Frau geheiratet ..., eine Syrerin oder Armenierin; ... die verschiedensten Mundarten sind jetzt der einen wie der anderen Nation gemeinsam und das Vertrauen nähert die Rassen an ...

6 *Der Abt Fulcher von Chartres hat das Leben der Kreuzfahrer nach den Kreuzügen beschrieben. Was ist seine Hauptaussage?*

Ritterorden

Da die europäischen Kreuzfahrer im Heiligen Land eine Minderheit blieben, gründeten sie zu ihrem Schutz vor den Muslimen, aber auch zur Pflege kranker oder Not leidender Pilger Ritterorden: die Templer, die Johanniter und die Deutschherren.

Diese „Mönchsritter" verpflichteten sich zwar auch zu Armut, Keuschheit und Gehorsam, aber auch zum Kampf gegen die Ungläubigen. Vom Papst wurden sie mit besonderen Vorrechten ausgestattet und sie wurden durch Schenkungen und Stiftungen sehr reich, besaßen bald riesigen Grundbesitz, Hospitäler, Ordensburgen und eigene Handelsschiffe.

Als die Muslime weiter vordrangen, zogen sich diese Orden nach Europa zurück. Die Johanniter gingen nach Malta und werden deshalb heute auch Malteser genannt. Der Deutsche Ritterorden fand neue Aufgaben im späteren Ostpreußen.

7 *Fasst die Informationen über die Ritterorden zusammen.*

8 *Informiert euch über die Aufgaben der Johanniter und der Malteser heute.*

Kreuzfahrer gründen Staaten

Da manche Kreuzfahrer auf Dauer im Heiligen Land blieben, gründeten sie in den eroberten Gebieten eigene Staaten, Kreuzfahrerstaaten, wie das Königreich Jerusalem oder die Fürstentümer Antiochia und Tripolis, die sie mit Burgen sicherten. Zugleich übernahmen sie auch den Lebensstil der Orientalen und heirateten Frauen aus ihrer neuen Heimat.

Doch die Muslime konnten die meisten Gebiete zurückerobern. Im Jahr 1291 wurden die Festung Krak des Chevaliers in Syrien und die Stadt Akkon in Palästina zurückerobert. Damit war die christliche Herrschaft im Heiligen Land beendet.

Abendland*
(Land der untergehenden Sonne = Westen): Bezeichnung für die europäischen Völker, die durch Antike und Christentum kulturell verbunden waren; Gegensatz zum Morgenland, dem Orient, und seinem Kulturkreis.

Christen und Muslime beim ***Schachspiel.*** *Aus einem Schachbuch, um 1283.*

Schachspiel:
Das Spiel selbst und der im Spiel übliche Ausruf „Schah matt" (arab. = der König ist geschlagen) sind persisch-arabischer Herkunft.
Bekannt wurde es zunächst in Spanien durch die Herrschaft der Araber seit 711. Durch die Kreuzzüge fand es in ganz Europa Verbreitung.

Das Leben in den Klöstern

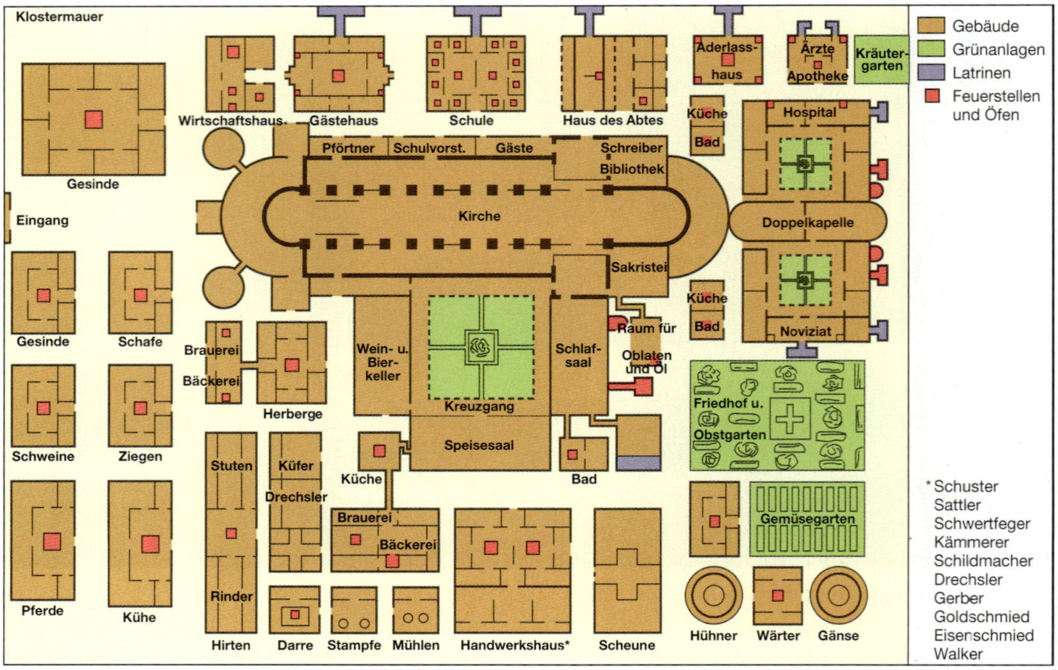

1 **Klosterplan von St. Gallen.** Die Abbildung ist eine moderne Umgestaltung des Originals von 820.

Seit 400 n. Chr.:
Das Mönchstum breitet sich in Europa aus.

529 n. Chr.:
Benedikt von Nursia gründet ein Kloster in Monte Cassino.

Das Mönchstum breitet sich aus

Im 3. Jahrhundert zogen sich, zuerst in Ägypten, einzelne Christen in die Einsamkeit zurück, um als Eremiten (= Einsiedler) ihr Leben ganz Gott zu weihen. Nur ein Jahrhundert später kam es, ebenfalls in Ägypten, zur Gründung von Klöstern, in denen Mönche* in einer Gemeinschaft Gott dienen wollten. Seit dem 5. Jahrhundert breitete sich das Mönchstum auch in Europa aus.

Mönch*
(griech. monachos = allein, abgeschieden lebend): Angehöriger eines Männerklosters.

Ein mittelalterliches Kloster

1 *Aus dem Klosterplan von St. Gallen könnt ihr die Berufe und Tätigkeiten der Mönche erkennen. Tragt sie in eine Tabelle ein:*

Gebäude und Gebäudeteile	Berufe	Tätigkeit
…	…	…
…	…	…
…	…	…

2 *Berichtet, was ihr über Klöster, die Tätigkeiten von Nonnen* und Mönchen heutzutage wisst.*

Nonne*:
Angehörige eines Frauenklosters.

Die Regeln des heiligen Benedikt

Die Mönche lebten, von der Außenwelt durch Mauern abgeschirmt, nach festen Regeln unter der Leitung eines Abtes. Gebet und Arbeit bestimmten den Tagesablauf. Diese Lebensform wurde zum Vorbild für Benedikt von Nursia in Italien. Er hatte einige Jahre als Eremit gelebt, bevor er 529 auf dem Berg Monte Cassino (Italien) ein Kloster gründete. Nicht viel später wurde auch seine Schwester Scholastika Äbtissin eines Frauenklosters.
Frauen und Männer, die in ein Kloster eintreten wollten, mussten drei Versprechen ablegen: Sie verpflichteten sich, arm, also ohne Besitz, zu leben. Sie gelobten, ehelos zu bleiben und dem Abt unbedingt zu gehorchen. In 73 Kapiteln gab Benedikt klare Anweisungen für das Leben im Kloster. Diese Regeln wurden die Grundlage des ersten Mönchsordens, der Benediktiner.

3 *Ein junger Mann erkundigt sich beim Abt nach dem Leben im Kloster. Formuliert eine Antwort mithilfe der Hinweise auf S. 113 („Sachtexte verstehen")*

Gebet und Arbeit

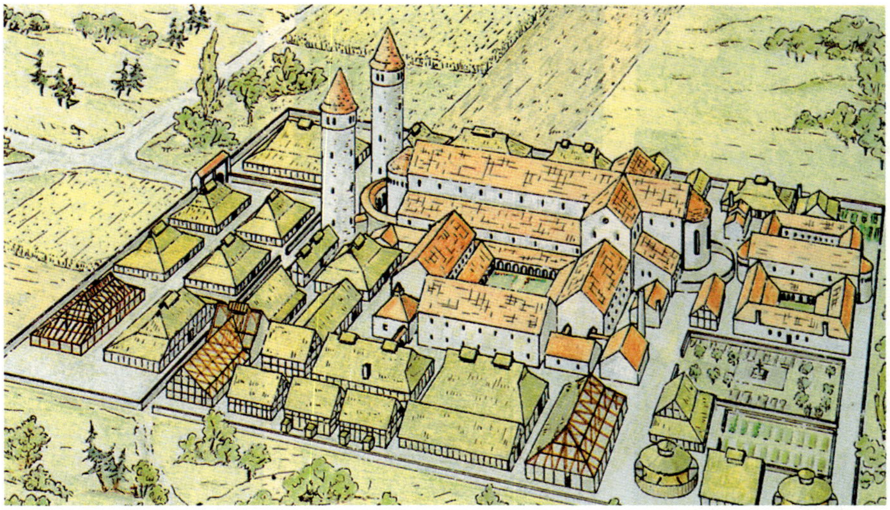

2 Modell nach dem Klosterplan von St. Gallen. Um 820.

In den Ordensregeln des heiligen Benedikt heißt es unter anderem:

Q1 … 33: Vom Eigentum
Keiner wage es, ohne Erlaubnis des Abtes etwas wegzunehmen oder zu empfangen oder etwas zu eigen zu besitzen, durchaus nichts, weder Buch noch Tafel, nein, überhaupt nichts. Alles sei allen gemeinsam …
48: Von der täglichen Handarbeit
Müßiggang* ist ein Feind der Seele. Deshalb sollen sich die Brüder beschäftigen: zu bestimmten Zeiten mit Handarbeit, zu bestimmten anderen Stunden mit heiliger Lesung. Wenn die Ortsverhältnisse oder die Armut fordern, dass sie das Einbringen der Ernte selbst besorgen, sollen sie deswegen nicht missmutig werden. Sie sind nämlich erst wahre Mönche, wenn sie von der Arbeit ihrer Hände leben …
66: Von der Anlage des Klosters
Wenn möglich, ist das Kloster so anzulegen, dass alles Notwendige, nämlich Wasser, Mühle, Garten und die verschiedenen Werkstätten, sich innerhalb der Klostermauern befinden. So brauchen die Mönche nicht draußen umherzulaufen, was für ihre Seelen durchaus nicht zuträglich ist …

4 *„Bete und arbeite" („ora et labora") – diese Forderung sollte das tägliche Leben im Kloster bestimmen. Erklärt, wie diese Forderung im Klosterplan (Abbildung 1) sichtbar wird.*

5 *Stellt euch vor, ihr wäret ein Mönch oder eine Nonne aus dem Kloster St. Gallen. Ihr bekommt Besuch und möchtet bei einer Führung durch das Klostergelände über das Leben im Kloster berichten. Beginnt so: „Im Mittelpunkt steht die Kirche. Dort …."*

6 *Zeichnet eine Uhr und tragt die unten angegebenen Zeiten ein. Markiert die Zeiten zum Beten bzw. Arbeiten jeweils farbig.*

Tagesablauf in einem Benediktinerkloster heute

4.40 Uhr	Wecken
5.00–6.00	Nachtgebet und Morgenlob
6.00–7.00	Bibellesung und Besinnung der Mönche in ihren Zimmern
7.00–7.30	jeder Mönch kann für sich das Frühstück einnehmen
7.30–11.00	kurzes gemeinsames Morgengebet; Beginn der Arbeit
11.15–12.00	gemeinsamer Gottesdienst
12.20	kurzes gemeinsames Mittagsgebet
12.30–13.00	gemeinsames Mittagessen
13.00–14.00	Ruhepause
14.00–18.00	Arbeit
18.00–18.30	feierlicher Gottesdienst am Ende des Arbeitstages
18.40–19.00	gemeinsames Abendessen
19.00–19.40	Zeit zur eigenen Verfügung
19.45	Abendgebet
20.00–4.40	strenges Stillschweigen im Kloster. Die Mönche sind auf ihren Zimmern.

Mönch mit Kutte. *Rekonstruktionszeichnung. Die Ordenskleidung bestand aus einer Kutte, einem Hemd, das bis zu den Knöcheln reichte, mit einem Strick oder Ledergürtel. Dazu kam ein Schulterumhang mit einer Kapuze (bei den Ordensfrauen der Schleier).*

Müßiggang*: *Hier im Sinne von Untätigkeit und Faulheit.*

Besuch in einem Kloster

Mönch in der Schreibstube. *Buchmalerei, um 1150.*

1 Mönche bauen ein Kloster. Gemälde, 1450.

2 Mönche spalten bei Rodungsarbeiten einen Baum. Buchmalerei, 12. Jahrhundert.

3 Mönche bei der Ernte. Buchmalerei, 12. Jahrhundert.

Ein Herzog besucht das Kloster

In der Abgeschiedenheit der Klöster wollten Männer und Frauen Gott allein dienen. Doch ihr Wirken ging weit über die Klostermauern hinaus.

In einer erfundenen Geschichte wird erzählt, wie der bayerische Herzog im Jahr 756 das erst zehn Jahre zuvor gegründete Kloster Tegernsee besucht:

M1 … Das Bild der Landschaft hat sich in wenigen Jahren völlig verändert. Früher traf man in diesen endlosen Wald- und Sumpfgebieten nur alle paar Stunden auf ein ärmliches Dorf mit niederen, strohgedeckten Hütten. Jetzt zieht sich eine breite, ausgeholzte Fläche am östlichen Ufer des Sees dahin. Auf den Feldern treiben Mönche die Ochsengespanne, Bauern, die dem Kloster zinspflichtig sind, fällen im nahen Wald die Bäume, andere roden Bäume und eine Schar von Jungen verbrennt das Astwerk in großen Haufen zu Asche …

Der Abt des Klosters führt seine Gäste durch das Klostergebiet: „Wir haben den Ackerbau wesentlich verbessert“, erklärt der Abt seinen Gästen. „Vor uns kannte man in dieser Gegend nur Spelt, Hafer und Roggen. Unsere Bruderabtei Bobbio in (Nord-)Italien schickte uns vor einigen Jahren mehrere Säcke Sämereien über den Brennerpass. Nicht nur der Weizenanbau ist seitdem ansehnlich gewachsen, auch die Zucht von Edelobst haben wir eingeführt.“

… Der Abt weist auf einen lang gestreckten, hölzernen Bau, aus dem Sägen, Hobeln und Hämmern erschallen. „Das ist die Schreinerei“, sagt er, „ich habe angeordnet, dass ihre Erzeugnisse zusammen mit anderen Klosterarbeiten im Speisesaal ausgelegt werden.“

Der Herzog wendet sich den langen, roh gezimmerten Tischen der Mönche zu, auf denen die Schaustücke bereitliegen.

Neben höfischen Kleidern, die eines Königs würdig sind, prunken gestickte Messgewänder mit Gold- und Silberborten; da gibt es wunderbar weich gegerbte Schaftstiefel aus der Klosterschusterei, Zaumzeug aus Holz, Eisen und Kupfer von den Brüdern Werkzeugmachern, Schreinern und Schmie-

Besuch in einem Kloster

4 **Arbeiten in den Weinreben.** Zeitgenössische Darstellung.

5 **Schreibstube des Klosters Echternach.** Zeitgenössische Darstellung.

den verfertigt. Wagenräder, Fässer, Truhen mit eingesetzten Bildern, mit Einlagen aus farbigem Holz, aus Metall und Elfenbein, getriebene, ziselierte und gegossene Waffen, Schilde, Helme und vor allem Kelche, Weihegeräte und Schmuck entlocken dem Herzog und seinen Mannen laute Rufe der Bewunderung. „Wer sind die Künstler, die solche Dinge schaffen?", fragt der Herzog erstaunt. „Unsere Mönche kommen aus Franken", antwortet der Abt, „aus Angelsachsen und Italien. Hier im Orden Sankt Benedikts lebt vieles fort, was schon vergessen schien."
Anschließend führt der Abt seinen Gast in die Schreibstube: „Wir erziehen unsere Schreiber zu größter Sorgfalt", bemerkt der Abt, „ein Buchstabe muss wie der andere sein." Ein fleißiger Schreiber liefert von Sonnenaufgang bis Sonnenuntergang nicht mehr als zwei Seiten. Ein besonders kunstvoll gefertigtes Buch stellt manchmal die Lebensarbeit eines Mönches dar. „Man bezahlt es mit einem kleinen Bauerngut."
Zum Schluss besuchte der Herzog noch die Klosterschule. Junge Männer, die sich auf ihr Leben im Kloster vorbereiteten, erhielten hier ihre Ausbildung im Lesen, Rechnen und Schreiben. Einige von ihnen würden später am Hof des Königs, bei einem Grafen oder Fürsten als Lehrer oder Schreiber tätig sein …

1 *Schreibt einen kurzen Bericht über die Gründung und Entwicklung des Klosters Tegernsee in den ersten zehn Jahren.*
2 *Verfasst gemeinsam einen Brief an ein Kloster in der Nähe eures Ortes. Erkundigt euch nach dem Gründungsjahr der Klosteranlage und den Aufgaben des Klosters heute.*
3 *Erklärt folgende Behauptung: Mittelalterliche Klöster waren wirtschaftliche, kulturelle und religiöse Zentren, die das Leben der Menschen stark beeinflussten. Beachtet dabei auch die Abbildungen auf dieser Doppelseite.*

6 **Die Klosterkirche in Hadmersleben. Das Kloster wurde 1111/1112 erbaut.**

Nonne beim Studieren. *Holzschnitt, um 1550.*

Novize, Novizin: *Mönch bzw. Nonne während der Probezeit zu Beginn ihrer Zeit im Kloster.*

Methode: Recherche im Internet

Das Internet als riesengroße Bücherei

Wenn ihr mehr über ein Thema erfahren wollt, so gibt es viele Möglichkeiten: Ihr könnt eure Lehrkraft fragen, im Lexikon nachschlagen, euch passende Bücher aus der Bücherei ausleihen, ins Museum gehen oder im Internet nach Informationen suchen. Das Internet ist wie eine riesige Bibliothek, in der sehr viele Bücher aus allen Ländern stehen.

Aber Vorsicht!

Genau wie eine Bücherei hat auch das Internet mehrere Fallen. Manchmal sucht man in der Bücherei nach einem Buch und entdeckt auf dem Weg dorthin einen spannenden Titel zu einem ganz anderen Thema. Auch im Internet kann es passieren, dass ihr von dem, was ihr eigentlich sucht, abkommt. Nehmt euch also vor, immer beim Thema zu bleiben.
So, wie es gute und schlechte Bücher gibt, gibt es auch gute und schlechte Internetseiten. Achtet also immer darauf, wer der Anbieter eurer Information ist.

Suchen, aber wie?

1. Schritt: Schlagwort finden

Wenn ihr z. B. wissen wollt, welche Bedeutung Klöster im Mittelalter hatten, müsst ihr euch ein passendes Stichwort überlegen. Unter dem Stichwort „Mittelalter" erhaltet ihr sehr viele Hinweise, müsst aber endlos suchen, bis ihr bei eurem Thema seid.
Wie könnte ein gutes Stichwort lauten?

1 **Suchmaschine für Kinder: „Blinde Kuh" –** ***www.blinde-kuh.de*****.**
Die erste von 14 Seiten mit vielen Links zum Thema „Kloster/Mittelalter". Screenshot.

2. Schritt: Suchmaschine benutzen

Im Internet gibt es mehrere Anbieter von Suchmaschinen, bei denen ihr euer Stichwort nur eingeben müsst, dann durchforstet die Suchmaschine für euch alle Internetseiten. Ihr erhaltet dann eine Liste der passenden Internetseiten zu eurem Stichwort. Die bekanntesten Suchmaschinen sind: *www.yahoo.de*, *www.lycos.de*, *www.google.de*.

3. Schritt: Stichwort eingeben

Wenn ihr zu eurem Stichwort keine Einträge bekommt, solltet ihr die Rechtschreibung überprüfen. Wenn ihr euer Schlagwort falsch eingegeben habt, kann die Suchmaschine nichts finden. War dies nicht der Fall, so müsst ihr euch ein anderes Stichwort überlegen.Solltet ihr aber mehrere hundert Einträge angezeigt bekommen, so ist euer Stichwort zu allgemein. Versucht ein neues, genaueres zu finden, oder gebt eine kombinierte Suche ein, indem ihr nach zwei Stichwörtern gleichzeitig suchen lasst.

4. Schritt: Aus dem Angebot auswählen

Jetzt habt ihr eine Reihe von Einträgen und normalerweise stehen noch ein paar Angaben dabei. So könnt ihr einen Teil der Adressen gleich aussortieren, weil es hier nicht genau um das geht, was ihr gesucht habt. Die übrigen Seiten könnt ihr jetzt aufrufen, indem ihr die Internetadresse anklickt.

Los geht's!

Zusammenfassung

Mittelalterliche Ständegesellschaft
Das Leben der Menschen im Mittelalter hing weitgehend davon ab, in welchen Stand sie hineingeboren wurden. Das tägliche Leben eines Bauern verlief anders als dasjenige von Adligen, Geistlichen oder Stadtbürgern.

Alltagsleben der Bauern
Im Mittelalter lebten die meisten Menschen auf dem Land. Um 800 gab es noch viele freie Bauern. Sie waren jedoch verpflichtet, mit ihrem König in den Krieg zu ziehen. Da die Könige viele Kriege führte, konnten sich die Bauern nicht um ihr Land kümmern. Daher übergaben sie es einem Herrn, der ihre Kriegspflicht übernahm und ihr Grundherr wurde. Sie mussten nun nicht mehr in den Krieg ziehen, waren aber ihrem Herrn zu Frondiensten und Abgaben verpflichtet. Ihr Alltag bestand aus schwerer Landarbeit, bei einfachsten Wohnverhältnissen und eintöniger Ernährung. Eine erhebliche Steigerung der Ernteerträge brachten technische Neuerungen sowie die Einführung der Dreifelderwirtschaft.

Ausbildung des Ritterstands
Etwa seit dem 8. Jahrhundert gab es Reiterkrieger. Die teure Ausrüstung und das langwierige Erlernen des Waffenhandwerks machten den Beruf des Kriegers zu einer Vollzeitbeschäftigung. Ende des 11. Jahrhunderts hatte sich aus diesen Reiterkriegern ein eigener abgeschlossener Stand gebildet. Die Ritter wurden mit einem Lehen versehen, das ihren Lebensunterhalt sicherte. Die Burg war ihr typischer Wohn- und zugleich Herrschaftssitz. Der Ritterstand besaß feste Vorstellungen davon, wie standesgemäßes Leben von Mann und Frau auszusehen hatte. Den Idealen der Treue und Gerechtigkeit sollte sich jeder Ritter verpflichtet fühlen, während die Frauen bereits im Mädchenalter auf ihre zukünftige Rolle als Dame des Hofes vorbereitet wurden.

Leben im Kloster
Seit dem 5. Jahrhundert zogen sich in Europa Christen aus der Alltagswelt zurück, um in der Einsamkeit ihr Leben ganz Gott zu weihen. Manche von ihnen schlossen sich zusammen und gründeten Klöster. Der Tageslauf der Mönche und Nonnen vollzog sich in einer strengen Ordnung von Gebets- und Ruhezeiten. Durch die vielen Tätigkeiten der Mönche wurden die Klöster zu Mittelpunkten von Bildung, Wissenschaft, Landwirtschaft und Handwerk.

800–1000

Die Bauern werden von Grundherren abhängig und müssen Abgaben und/oder Frondienste leisten.

Seit 1100

Fortschritte in der Landwirtschaft.

Seit dem 10. Jahrhundert

Burgen dienen den Rittern als Wohn- und Herrschaftssitze.

Seit dem 10. Jahrhundert

Die Klöster entwickeln sich zu kulturellen Zentren.

Check: Das solltet ihr wissen

Arbeitsbegriffe

- ✓ Stand
- ✓ Grundherrschaft
- ✓ mittelalterliches Alltagsleben
- ✓ Sachsenspiegel
- ✓ Ostsiedlung
- ✓ Ritter
- ✓ Burg
- ✓ Kreuzzug
- ✓ Kloster

Was wisst ihr noch?

1 In welche Stände wurde die mittelalterliche Bevölkerung eingeteilt?
2 Wie kam es, dass viele Bauern ihre Freiheit verloren?
3 Welche Fortschritte steigerten die Erträge in der Landwirtschaft?
4 Was musste ein Junge lernen, bevor er zum Ritter geschlagen wurde?
5 Welchen Zwecken dienten die Burgen?
6 Wie wurden die Töchter der Ritter erzogen?
7 Nach welchen Regeln lebten Nonnen und Mönche?

Tipps zum Weiterlesen

Tonke Dragt: Der Brief für den König. Beltz & Gelberg, Weinheim 2000.

Neil Grant: Alltagsleben damals. Das Mittelalter. Tessloff, Nürnberg 2002.

Max Kruse: Der Ritter. Arena, Würzburg 2002.

Fabian Lenk: Der Mönch ohne Gesicht. Ein Ratekrimi aus dem Mittelalter. Loewe, Bindlach 2002.

David Macaulay: Es stand einst eine Burg. dtv, München 1996.

Freya Stephan-Kühn: Viel Spaß im Mittelalter. Arena, Würzburg 1993.

Check: Das solltet ihr können
Erklären – zuordnen – berichten – erkunden

1 *Beantwortet die folgenden Fragen mit richtig oder falsch:*

a) Die meisten Menschen lebten im Mittelalter in der Stadt.
b) Der Grundherr übernahm für die Bauern den Heeresdienst.
c) Die Mönche lebten nach festen Regeln unter der Leitung eines Abtes.
d) Bischöfe waren keine Grundherren.
e) Ein Page lernte höfisches Benehmen, nicht aber unbedingt Schreiben und Lesen.
f) Burgen standen meist im Tal in der Nähe eines Flusses.
g) Die Zugehörigkeit zu einem mittelalterlichen Stand wurde durch Herkunft, Vermögen oder Beruf bestimmt.

2 *Erklärt die Dreifelderwirtschaft.*

3 *Ordnet die Begriffe in den Kästen den folgenden Begriffen zu: Landleben – Ritterleben – Klosterleben:*

- Knappe
- Brache
- Tjost
- Äbtissin
- Schwertleite
- Leibeigener
- Schultheiß
- Novize
- „Bete und arbeite"

4 *Was wisst ihr über das Leben der Frauen im Mittelalter? Stellt eure Informationen in einem Cluster zusammen und übertragt es in euer Heft.*

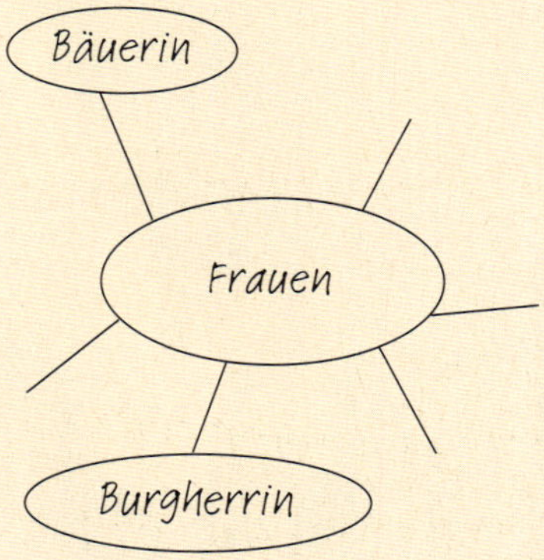

5 *Informiert euch über die Geschichte eures Heimatortes im Mittelalter. Hinweise findet ihr vielleicht in Prospekten oder Veröffentlichungen eines Vereins, der sich mit Heimatgeschichte befasst.*

6 *Viele Feste und Veranstaltungen erinnern an Brauchtümer aus früheren Zeiten. Findet heraus, wo Ritterspiele oder mittelalterliche Märkte abgehalten werden.*

3. Städte im Mittelalter

1150–1450

ZAHLREICHE STÄDTE WERDEN GEGRÜNDET

1150–1500

KUNSTSTIL DER GOTIK

Ein Leben ohne Städte mit Einkaufszentren, lärmendem Autoverkehr und grellem Neonlicht können wir uns heute kaum noch vorstellen. Doch noch im 15. Jahrhundert lebten 80 Prozent der Menschen auf dem Land. Zahlreiche Siedlungen entwickelten sich seit dem 11. Jahrhundert zu Städten, und natürlich sahen sie ganz anders aus als unsere heutigen Städte. Was früher zu einer Stadt gehörte, könnt ihr herausfinden, wenn ihr euch die Zeichnung auf dieser Seite genau anschaut. Fragen aber bleiben: Welche Gebäude waren wichtig? Wie viele Menschen lebten in dieser Stadt? Wovon lebten sie? Wovor hatten sie Angst und worauf waren sie stolz? …

1300–1400

ZÜNFTE ERKÄMPFEN SICH POLITISCHEN EINFLUSS

Was ist eine Stadt?

1 **Stadtansicht von Magdeburg, 1493.** Zeitgenössische Darstellung.

Stadt*:
Größere Siedlung von Händlern und Handwerkern mit eigenen Stadtrechten, z. B. Markt- und Münzrecht, eigener Gerichtsbarkeit und Recht der Selbstverwaltung.

Stadtmauer*:
Bei feindlichen Angriffen besetzten und verteidigten die Bürger die Tore und die Stadtmauer. Für ihren Bau und den Erhalt erhob der Rat der Stadt eine Steuer. Da Steine sehr teuer waren, begnügten sich viele Städte mit dem Bau eines Stadtgrabens und mit Wallanlagen, die aus Erde und Holz bestanden.

Lesetipp:
Jörg Müller/Jürg Schneider/Anita Siegfried: Auf der Gasse und hinter dem Ofen. Eine Stadt im Spätmittelalter. Verlag Sauerländer, Frankfurt/M. 1996.

Ein Bauer besucht die Stadt

Im Mittelalter gab es im Reich der Deutschen rund 4000 Städte*, aber nur 20 Prozent der Bevölkerung lebte innerhalb der Stadtmauern*.
Wie die Menschen die Stadt damals erlebten, erfahren wir aus einer heutigen Erzählung:

M1 ... Noch ehe der Tag angebrochen ist, macht sich der Bauer auf den Weg zur Stadt. Heute nimmt er zum ersten Mal seinen Sohn mit. Dieser trägt einen Korb mit Eiern. Über die Schulter hat er sich zwei Hühner gehängt. Der Vater hat in seinem schweren Tragkorb einige Maß Mehl, Butter und noch ein paar Felle. Das Dorf liegt über vier Stunden Fußmarsch von der Stadt entfernt.
Endlich ... sehen sie die Türme der Stadt vor sich. Der Sohn ist ganz aufgeregt.
„Vater! So viele Türme und Dächer habe ich noch nie gesehen. Jetzt weiß ich, was eine Stadt ist! Wo viele Menschen wohnen, das ist eine Stadt."
„Nein", entgegnet der Vater, „das stimmt nicht ganz. Nicht die Zahl der Menschen ist entscheidend. Der Ort muss eine Mauer, sein eigenes Gericht und sein eigenes Rathaus haben. Dann kann er sich Stadt nennen. Außerdem hat jede Stadt einen Markt. Er befindet sich in der Nähe der großen Stadtkirche und des Rathauses. Wir sind bald dort."
Von allen Seiten haben sich inzwischen Bauern hinzugesellt. Mit vielen anderen stehen sie vor dem Stadttor. Ein Stadtknecht hält sie an. Er durchsucht den schweren Tragkorb. Dann dürfen sie passieren, ohne eine Abgabe zahlen zu müssen, denn sie tragen nur die für die Stadt wichtigen Lebensmittel mit sich. Für andere Waren muss man nämlich Torzoll bezahlen. Schnell haben sich die beiden durch das Gedränge der Wagen und Menschen hindurchgeschlängelt. Sie laufen durch enge Gassen und gelangen endlich auf den Hauptmarkt. Hier wird alles angeboten, was die Bürger gebrauchen können: Fleisch und Gewürze, Fisch und Gemüse, aber auch Kleider, Töpfe und andere Handwerkserzeugnisse ...

1 *Nennt die wichtigsten Merkmale, durch die sich eine Stadt von einem Dorf unterscheidet.*
2 *Vergleicht die Aussagen der Erzählung M1 mit der Stadtansicht von Magdeburg (Abbildung 1). Findet Gemeinsamkeiten heraus.*

Alltag in einer Stadt

2 **Alltag in der Torstraße, 1476.** Rekonstruktionszeichnung.

Straßenbeleuchtung wurde in deutschen Städten frühestens im 18., oft erst im 19. Jahrhundert eingeführt. Zuvor behalfen sich die Stadtbewohner bei Einbruch der Dunkelheit mit Fackeln, Kerzen und Laternen.

Wiegen, Rufen und Schwatzen

Das Leben und den Ablauf des Tages in einer mittelalterlichen Stadt beschreibt ein heutiger Wissenschaftler wie folgt:

M2 ... War der Tag heraufgezogen, herrschte ein munteres Treiben, ein unaufhörliches Kommen und Gehen, Messen und Wägen, Rufen und Schwatzen. In vielen Städten wurde deshalb der innerste Bereich freigehalten vom Handwerks- und Menschentreiben. Dort, zwischen Rathaus und Kirche, standen die Steinhäuser der vornehmen Patrizier* und die wollten verschont sein vom Lärm der Menge. So spielte sich das eigentliche städtische Leben in den Seitengassen und auf den Spezialmärkten ab; alle Augenblicke Glockengetöse und fromme Gesänge, dazwischen das Brüllen und Grunzen des Viehs, das Grölen der Randalierer und Nichtstuer in den Wirtshäusern, das Hämmern, Hobeln und Klopfen der Tätigen in den offenen Werkstätten, das Rattern der Wagen und Stampfen der Zugtiere und dazu der Lärm der zahllosen Ausrufer, die in einer Zeit, da nur wenige lesen konnten, das Plakat und die Neonröhren ersetzen mussten.

Die Geschäfte, die Gerichte, Ämter und Ratssitzungen fingen gewöhnlich um 6.00 Uhr an. Um 10.00 Uhr wurde in den meisten Städten zu Mittag gegessen. Um 12.00 Uhr begannen die Geschäfte wieder, sie dauerten bis 3.00 oder 4.00 Uhr. Das Abendessen wurde in der Regel um 6.00 Uhr eingenommen. Mit Anbruch der Dunkelheit wurde es fast schlagartig ruhiger. Es gab keine Straßenlaternen. Und in den Häusern brannten nur düstere Talgkerzen oder Kienspäne*. Wer abends ausging, musste eine eigene Laterne haben oder sich einen Fackelträger mieten. Nach 9.00 Uhr abends versank die Stadt in tiefem Schlummer ...

3 *Beschreibt mithilfe von Text und Abbildung das Leben in einer mittelalterlichen Stadt.*

4 *Die Bildunterschrift von Abbildung 1 beschreibt die Stadtansicht als „zeitgenössische Darstellung". Unter Abbildung 2 steht „Rekonstruktionszeichnung". Besprecht zu zweit, welche Unterschiede zwischen diesen beiden Arten von Zeichnungen bestehen.*

Patrizier*:
Als Patrizier wurden die wohlhabenden Bürger, die auch zugleich Ratsherren waren, bezeichnet.

Kienspan*:
Span aus Kiefernholz.

Von der Siedlung zur Stadt

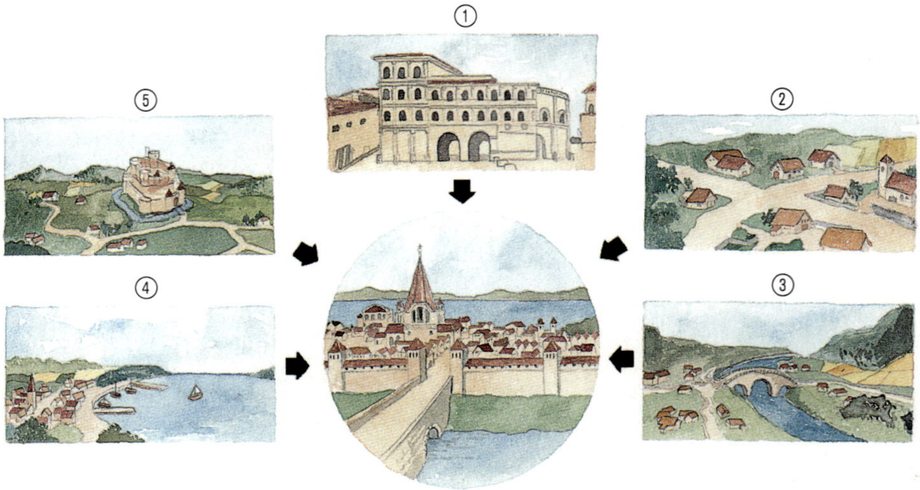

1 Voraussetzungen für die Entstehung von Städten. Schaubild.

Einwohnerzahlen europäischer Städte um 1300:

Paris	*300 000*
Venedig	*100 000*
Brügge	*50 000*
Köln	*30 000*
Lübeck	*25 000*
Nürnberg	*20 000*
Straßburg	*20 000*
Hamburg	*18 000*

Im Reich der Deutschen hatten
- *ca. 15 Städte mehr als 10 000 Einwohner,*
- *ca. 35 Städte zwischen 2000 und 10 000 Einwohner,*
- *ca. 150 Städte zwischen 1000 und 2000 Einwohner,*
- *ca. 2800 Städte weniger als 1000 Einwohner.*

Furt*:
Eine Untiefe an einem Fluss, die eine Überquerung möglich macht.

CD-ROM-Tipp:
Die Stadt im Mittelalter. Alltagsleben hinter Turm und Mauern. CD-ROM. MicroMediaArts, Köln 1995.

Städte entwickeln sich

Ein Wissenschaftler schrieb über die Entstehung von Städten im Mittelalter:

M1 … Die ältesten Städte auf deutschem Boden sind römischen Ursprungs. Dort, wo die Römer an Rhein und Donau ihre Kastelle und Niederlassungen angelegt hatten, wuchsen auch die ältesten stadtartigen Siedlungen. Soldaten und Kaufleute wohnten in diesen Niederlassungen.
In den Zeiten der Völkerwanderung wurden sie zerstört und geplündert. In der Zeit der fränkischen Könige aber, also im 8. und 9. Jahrhundert, ließen sich hier Grafen und die Bischöfe nieder. Sie fanden in Kriegszeiten Schutz hinter den starken alten römischen Mauern.
Solche sicheren Plätze waren auch den Kaufleuten sehr willkommen. Sie schlossen sich zusammen in Niederlassungen, nahe genug an der Burg des Grafen oder Bischofs, um sicheren Schutz zu haben …

Bevorzugt wurden von den Kaufleuten auch Niederlassungen an wichtigen Handelsstraßen, an Flussübergängen und Hafenbuchten, denn hier bestanden meist schon kleine Siedlungen.
Entsprechend ihrem Entstehungsort tragen diese Städte heute Endungen wie -furt*, -burg, -brück/-brücken und -hafen. Die Städte, die aus römischen Siedlungen hervorgegangen sind, tragen ähnliche Namen wie ihre ursprünglichen lateinischen Bezeichnungen aus römischer Zeit, z. B. Trier (ehemals „Augusta Treverorum").
Über die Entstehung der Stadt Brügge (im heutigen Belgien) heißt es in einem Bericht aus dem 9. Jahrhundert:

Q1 … Vor dem Burgtor, an der Brücke, sammelten sich allmählich Gewerbetreibende, um für die zu arbeiten, die in der Burg wohnten. Außer Kaufleuten, die alles Mögliche feilboten, gab es Schank- und Gastwirte. Sie machten es sich zur Aufgabe, diejenigen, die beim Grafen zu tun hatten, zu beköstigen und zu beherbergen. Mit der Zeit begannen die Zuzügler Häuser zu bauen und sich wohnlich einzurichten; dort fanden alle Aufnahme, die nicht in der Burg selbst wohnen konnten. Die Siedlung wuchs, sodass in kurzer Zeit ein großer Ort entstand …

So wie hier bei Brügge entstanden auch an vielen anderen Orten zunächst kleine Siedlungen, die sich allmählich zu Städten entwickelten.

1 *Ordnet die im Verfassertext beschriebenen Voraussetzungen für die Entstehung von Städten den Bildern in Abbildung 1 zu.*

2 *Sucht Beispiele für Städte in Sachsen-Anhalt, bei denen sich der Grund für ihre Entstehung im Stadtnamen widerspiegelt.*

Städteboom in ganz Europa

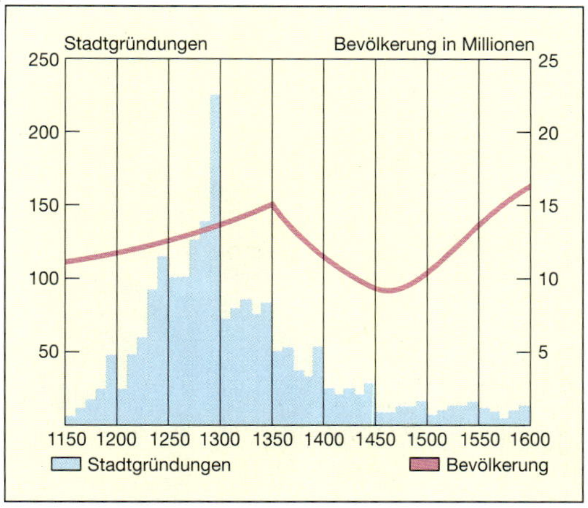

2 Stadtgründungen und Bevölkerungsentwicklung in Mitteleuropa 1150–1600.

Städte werden planmäßig gegründet

Jede Stadt hatte einen Grundherrn. Das war meistens ein Graf, Herzog oder Bischof, auf dessen Grund die Stadt stand. Als Stadtherr sorgte er für einen geordneten Handel in der Stadt und auf dem Markt, indem er Maße und Gewichte festsetzen und die Einhaltung aller Vorschriften überwachen ließ. Von den Kaufleuten und Händlern zog er Zölle und Marktgebühren ein. Viele Stadtherren gingen dazu über, planmäßig neue Städte zu gründen. Mit jeder neuen Stadt festigte der Landesherr seine Herrschaft. Gleichzeitig war die Stadt auch eine wichtige Einnahmequelle für ihn.

Aus der Gründungsurkunde für Freiburg (um 1200):

Q2 ... Es sei den lebenden und zukünftigen Geschlechtern bekannt, dass ich, Konrad (Herzog von Zähringen), auf meinem eigenen Besitz Freiburg einen Markt eingerichtet habe im Jahre des Herrn 1120 ... Jedem Kaufmann habe ich ein Grundstück zum Bau eines eigenen Hauses gegeben ... Nun sei allen kund getan, welche Rechte ich aufgrund der Wünsche und Bitten dieser Kaufleute festgelegt habe:

1. Ich verspreche allen, die zu meinem Markt kommen, Frieden und Schutz.

2. Wenn einer meiner Bürger stirbt, soll seine Frau mit den Kindern alles besitzen, was er hinterlassen hat.

3. Allen Kaufleuten der Stadt erlasse ich den Zoll ...

5. Wenn ein Streit unter den Bürgern entsteht, soll nicht von mir oder meinem Richter darüber entschieden werden, sondern nach Gewohnheit und Recht aller Kaufleute, wie sie besonders in Köln geübt werden ...

11. Jeder, der in diese Stadt kommt, darf sich hier frei niederlassen, wenn er nicht der Leibeigene irgendeines Herrn ist ... Wer aber über Jahr und Tag in der Stadt gewohnt hat, ohne dass irgendein Herr ihn als seinen Leibeigenen gefordert hat, der genießt von da an sicher die Freiheit ...

3 *Erarbeitet Q2 mithilfe folgender Fragen:*
- *Wer ist der Stadtgründer und damit Stadtherr?*
- *Welche Bürger interessieren den Stadtherrn?*
- *Wie versucht er sie für die Ansiedlung in der Stadt zu gewinnen?*

4 *Erklärt den Ausspruch „Stadtluft macht frei".*

5 *Stellt anhand der Abbildung 2 fest, wann besonders viele Städte gegründet wurden. Gibt es einen Zusammenhang zwischen der Bevölkerungsentwicklung und der Zahl der Städtegründungen?*

3 Rolandsstatue vor dem Rathaus von Halberstadt, 1381 errichtet. Sie ist die älteste, im Original erhaltene Rolandsstatue Deutschlands.

Roland*/ Rolandsstatuen*: *Rolandsstatuen sind in vielen Städten, die im Mittelalter entstanden sind, zu finden. Allein in Sachsen-Anhalt befinden sich 13 Rolandsfiguren. Der Ritter mit Schild und Schwert ist Sinnbild für die städtische Eigenständigkeit und den damit verbundenen Rechten. Zu diesen Rechten gehörten die Handelsfreiheit, das Marktrecht und die Gerichtsbarkeit.*

Die Bewohner einer Stadt

1 **Vor dem Stadtherrn, einem Bischof und seinen Beratern erscheinen ein Bürger, ein Bauer und ein Patrizier.** Buchmalerei, um 1500.

2 **Ein Patrizier mit seiner Familie.** Gemälde von Jean Bourdichon (etwa 1457–1521).

Patrizier *(vornehme Bürger) in der Kleidung des 16. Jahrhunderts.*

Kampf der Städte gegen ihre Stadtherrn

Wie die Bauern auf dem Land einem Grundherrn unterstanden, so unterstanden anfangs auch die Stadtbewohner ihrem Stadtherrn. Im Laufe der Jahrhunderte wurden die Städte immer größer. Mit der Größe einer Stadt wuchs auch das Selbstbewusstsein ihrer Bürger. Vor allem die Kaufleute, die es zu beachtlichem Wohlstand gebracht hatten, wollten sich nicht länger von ihrem Stadtherrn bevormunden lassen. Voller Stolz nannten sie sich in vielen Städten selbst Patrizier, ebenbürtig den Adligen. Zu den Freiheiten, die die Patrizier anstrebten, gehörten neben einer eigenen Gerichtsbarkeit und Verwaltung vor allem Handelsprivilegien wie Zollfreiheit, Messeprivilegien* oder das Münz- und Stapelrecht*. In einigen Städten widersetzten sie sich immer häufiger den Anordnungen des Stadtherrn. Es kam zu langjährigen bewaffneten Auseinandersetzungen. In anderen Städten kauften die Bürger ihrem Stadtherrn ein Recht nach dem anderen ab.

Privilegien*: *Sonderrechte, Vorrechte.*

Stapelrecht*: *Recht einer Stadt, einen durchreisenden Kaufmann, der Waren mit sich führt, zu zwingen, diese dort drei Tage lang anzubieten.*

In einer erfundenen Erzählung heißt es:

M1 … Stadtherr war Graf Bernhard. Von den reichen Kaufleuten seiner Stadt brauchte er immer wieder Geld: Er wollte für seine Tochter eine teure Aussteuer kaufen. Er nahm an einem prunkvollen Turnier teil. Er schuldete einem Mailänder Händler eine größere Summe. Er begleitete den König zur Kaiserkrönung nach Rom. – Die Kaufleute gaben ihm das Geld. Sie verlangten aber jedes Mal, dass der Graf ihnen bestimmte Rechte überließ. Eines Tages hatten sie ihr Ziel erreicht. Im großen Rathaussaal legten die versammelten Bürger dem Grafen eine Urkunde vor. Darin stand: „Ich schwöre, den Bürgern der Stadt für immer und ewig alle Freiheiten zu lassen.“ Der Graf schwor und unterschrieb …

1 *Spielt folgende Szene: Der Graf bittet die Landsleute, ihm Geld zu leihen. Die Kaufleute beraten, was sie ihrem Stadtherrn antworten sollen.*

Die Bewohner einer Stadt

3 **Handwerkerfamilie.** Gemälde von Jean Bourdichon.

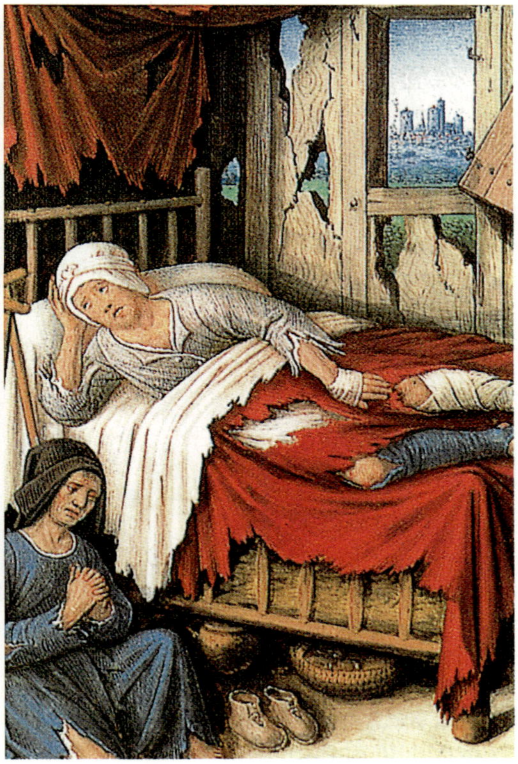

4 **Tagelöhner.** Gemälde von Jean Bourdichon.

***Bettlerfamilie** auf dem Weg zur Stadt. Holzschnitt, 1510.*

Die Bevölkerung in den Städten ist nicht gleich

Am Ende des 12. Jahrhunderts hatten fast alle Stadtherren ihre Rechte an die Bürger abgetreten*. Jetzt wurden die Städte von den mächtigen und angesehenen Kaufleuten, den Patriziern, regiert. Sie hatten es durch Fernhandel zu großem Wohlstand gebracht. Die Patrizier wählten aus ihren Reihen die Ratsherren und stellten auch den Bürgermeister. Der Rat setzte die Steuern fest, zog die Zölle ein und entschied, für welche Maßnahmen diese Gelder verwendet werden sollten. Ebenso setzte der Rat Löhne und Preise fest und die Zeiten für das Öffnen und Schließen der Stadttore. Er bestimmte sogar, wie lange Familienfeste und Hochzeitsfeiern dauern durften.

Die Patrizier lebten in der Stadt in ähnlichem Stil wie der Adel auf dem Land. Der Sohn einer Patrizierfamilie heiratete normalerweise nur die Tochter einer anderen Patrizierfamilie. Ihre prächtigen Häuser standen um den Marktplatz im Zentrum der Stadt.

In den anschließenden Straßenzügen wohnten Handwerker und Kleinhändler; die Mitglieder eines Gewerbes häufig zusammen in der gleichen Straße. Sie bildeten die Mittelschicht. Unter ihnen gab es Wohlhabende, wie z. B. die Goldschmiede, und auch Ärmere, wie etwa die Leinweber.

Nicht zu den Bürgern zählten die Juden sowie die Angehörigen der Unterschicht. Dazu gehörten Mägde, Gesellen, Lehrlinge, Bettler, Krüppel, Arme, aber auch die „unehrlichen" Berufe wie z. B. Henker und Totengräber. Während die Gesellen, Lehrlinge und Mägde im Haushalt ihres Handwerksmeisters wohnten, lebten die übrigen Angehörigen der Unterschicht meist in abseits gelegenen schäbigen Hütten.

2 *Beschreibt mithilfe der Abbildungen 2–4 die Lebensbedingungen von Patriziern, Handwerkern und Tagelöhnern.*

Magdeburger Stadtrecht*:
Durch die Abtretung der Rechte des Stadtherrn hatte nun jede Stadt die Wahl, ihre eigenen Bestimmungen und Vorschriften festzulegen oder bewährtes Stadtrecht anderer Städte zu übernehmen. Städte, deren Rechte von neuen Städten übernommen wurden, waren z. B. Lübeck, Köln, Nürnberg und – Magdeburg. Das Magdeburger Recht fand vor allem im osteuropäischen Raum Verbreitung.

Kaufleute, Handwerker und Zünfte

Pfennig des Kölner Erzbischofs, 2. Hälfte 12. Jahrhundert. *Münzen wurden in vielen wichtigen Städten geschlagen, denn sie waren für den Handel nötig. Das Münzrecht war eines der Rechte, das dem jeweiligen Stadtherrn zustand. Er zog daraus Gewinn, weil der Nennwert der Münzen höher lag als der Metallwert. Münzen aus verschiedenen Städten wurden aufgrund ihres Metallwertes zu verschiedenen Kursen gehandelt – so wie heute ausländisches Geld. Das verschaffte den Geldwechslern Arbeit. Der Münzherr konnte kurzfristig mehr Gewinn machen, wenn er den Metallwert seiner Münzen verschlechterte. Allerdings schädigte er damit den Tauschwert seiner Münzen und das Ansehen der Händler, die mit diesen Münzen bezahlen wollten – oft ein Grund für Streit zwischen Bürgern und Stadtherr.*

1 Die Ehefrau führt für ihren Mann, der Geldwechsler ist, die Bücher. Gemälde, 1538.

Kaufleute

In jeder Stadt gab es zahlreiche Kleinhändler, so genannte Krämer, die die Waren des täglichen Bedarfs anboten. Auch die umliegenden Dörfer wurden von ihnen mitversorgt.

Hoch angesehen waren jene Kaufleute, die im Fernhandel tätig waren. Oft waren sie wochen- oder monatelang unterwegs, um ihre Waren in Frankreich oder Italien anzubieten. Wenn sie von dort nach Hause zurückkehrten, brachten sie kostbare Tuche mit, aber auch Gewürze aus dem Orient, Weine vom Mittelmeer, Parfüm oder Südfrüchte.

Fremde Kaufleute kamen ebenfalls in die Städte, um ihre Waren anzubieten. Auf der städtischen Ratswaage mussten sie ihre Waren wiegen und kontrollieren lassen, Zölle und Schutzgelder entrichten. Außerdem waren sie gezwungen, einen Teil ihrer Ware in der Stadt zu verkaufen. Alle Kaufleute wollten für ihre Waren natürlich „gutes Geld". Da fast jede Stadt ihre eigene Währung hatte, wurde der Wert des Geldes berechnet nach der Menge an Silber oder Gold, das in jeder Münze enthalten war.

1 *Erklärt mit eigenen Worten die Tätigkeiten mittelalterlicher Kaufleute.*

Gilden und Handelsniederlassungen

In den großen Fernhandelsstädten schlossen sich die Kaufleute in Gilden zusammen, um den Handel erfolgreich durchführen zu können. Die Gilden vertraten auch die Interessen ihrer Mitglieder vor dem Rat der Stadt. Als die Städte immer größer wurden und der Handel immer mehr zunahm, konnten die Fernhandelskaufleute nicht mehr selber ihre zahlreichen Warentransporte begleiten. Fuhrleute brachten jetzt die Waren, die vorher durch Boten bestellt und bezahlt worden waren. Mächtige Kaufmannsfamilien, wie etwa die Fugger in Augsburg, errichteten in vielen Städten eigene Niederlassungen, so genannte Handelskontore. So konnten vor Ort die besten Einkaufs- und Verkaufsmöglichkeiten erkundet werden. Wie reich man durch den Handel werden konnte, zeigt das Testament eines Kaufmanns aus Regensburg:

Q1 … Ich vermache meiner Frau Agnes 1600 Pfund Silber, meinen Töchtern Katrin und Anne je 200 Pfund, meinen vier Söhnen Hans, Matthäus, Wolfgang und Jörg mein Wohnhaus, meine zwei Badstuben, mein Brauhaus und meine übrigen Höfe und Häuseranteile in Stadt und Umgebung …

Kaufleute, Handwerker und Zünfte

2 **Bäuerliches Ehepaar beim Schuster.** Holzschnitt, 16. Jahrhundert.

Einem Pfund Silber entsprachen ca. 480 Pfennige. Es kosteten damals ein Huhn ungefähr 2–3 Pfennige, ein Pfund Butter 2 Pfennige und 100 kg Gerste etwa 44 Pfennige.

Handwerker

Handwerker stellten in den Städten den größten Teil der Bevölkerung. In kleinen Städten gab es oft nur wenige Berufsgruppen für den Bedarf der näheren Umgebung. In großen Städten wie etwa Frankfurt arbeiteten über hundert verschiedene Berufsgruppen, oft für den Fernhandel. Doch auch kleine Städte konnten mit bestimmten Produkten Fernhandel treiben, wenn es in der Umgebung besondere Rohstoffe gab oder wenn die Handwerker spezielle Techniken beherrschten.

Die Frauen der Handwerker waren nicht nur für den Haushalt und die Kindererziehung zuständig, sie sorgten auch für den Verkauf der hergestellten Waren im Geschäft oder auf dem Markt.

2 *Erklärt, warum sich Kaufleute zu Gilden zusammenschlossen.*

3 *Beschreibt in Partnerarbeit Abbildung 2. Berichtet anschließend über den Arbeitsalltag einer Schusterfamilie.*

Aufgaben der Zünfte

Zur Verteidigung gemeinsamer Interessen schlossen sich die Handwerker seit dem 12. Jahrhundert zu so genannten Zünften zusammen. Jedes Handwerk hatte seine eigene Zunft.

Jede Zunft
- erließ feste Regeln zur Ausbildung;
- setzte die Zahl der Lehrlinge und Gesellen für jeden Betrieb fest;
- überwachte die Qualität der Produkte und die Einhaltung der vorgeschriebenen Preise;
- schrieb den Mitgliedern genau vor, wie viel Ware sie produzieren durften;
- schlichtete Streitigkeiten der Zunftmitglieder untereinander.

Die Vorschriften waren für alle verbindlich. „Schaumeister" überwachten die Zunftgenossen. Pfuschern, d. h. Handwerkern, die nicht Mitglied waren, „legten sie das Handwerk". Minderwertige Erzeugnisse wurden eingezogen und die Hersteller bestraft.

Die enge Verbundenheit der Zunftmitglieder zeigte sich auch im alltäglichen Leben. An den Stadt- und Kirchenfesten nahm man gemeinsam teil. Kranke und arme Mitglieder wurden unterstützt und gemeinsam sorgte man für Witwen und Waisen verstorbener Zunftgenossen. Auch an der Verteidigung der Stadt waren die Zünfte beteiligt. Jede Zunft hatte ein bestimmtes Stück der Stadtmauer zu verteidigen.

4 *Erklärt die Aussage: Die Zunftmitglieder wollten nicht Reichtum, sondern Sicherheit. Beachtet dazu die Hinweise auf S. 113 („Sachtexte verstehen").*

5 *Sucht auf der Straßenkarte eurer Stadt Straßennamen, die an mittelalterliches Handwerk erinnern. Wo liegen diese Straßen?*

Zunftwappen

Müller

Fleischer

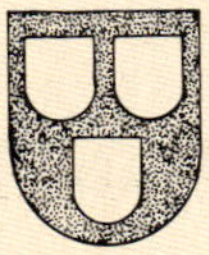

Maler

Schuster

Familien und Kinder

1 **Eine Stadtbürgerin bei der Hausarbeit.** Szenenfoto aus dem Film „Stadt im Wandel", 1985.

Kleinhändlerinnen *wie Krämerinnen mussten ihre Ware an fliegenden Ständen verkaufen und suchten sich Nischen auf den Märkten.*

Frauen in Handwerk und Handel

Neben den Handwerksmeistern gab es selbstständige Meisterinnen wie Bäckerinnen, Fleischerinnen, Fassbinderinnen oder Gerberinnen*. Fast immer handelte es sich um Witwen, die nach dem Tod ihres Mannes die Werkstatt leiteten. Von den Zünften erhielten diese Frauen meist den Auftrag, einen erfahrenen Gesellen einzustellen, der der Zunft angehörte. Eine wichtige Rolle spielten Frauen im Handel. Eine heutige Wissenschaftlerin schreibt:

M1 … In erstaunlichem Umfang waren Frauen am Groß- und Fernhandel beteiligt. Möglich war dies nur, weil die Frau seit dem 13. Jahrhundert als voll geschäftsfähig galt. Sie konnte eigenständig Geschäfte tätigen, Prozesse führen, über ihr Eigentum testamentarisch verfügen und haftete bei Schulden oder Konkurs*. Frauen führten die Bücher, vertraten den Mann in Zeiten der Abwesenheit oder wenn dieser durch städtische Ämter belastet war. Sie besuchten Märkte und Messen, unternahmen Handelsreisen …

1 *Berichtet über die Tätigkeiten der Frauen in Handwerk und Handel.*

Gerber*: *Gerber verarbeiten Tierhäute zu Leder.*

Konkurs*: *Zahlungsunfähigkeit in einem Geschäft, oft verbunden auch mit der Geschäftsaufgabe.*

Er verdient – sie führt das Haus: Männer- und Frauenrollen im Mittelalter

Die meisten Frauen heirateten im Alter zwischen 18 und 22 Jahren; manche waren auch jünger. Die Hausfrau hatte selbstständig für den manchmal recht großen Haushalt zu sorgen. Neben Eltern, Großeltern und Kindern konnten dazu auch die unverheirateten Verwandten sowie Knechte und Mägde zählen.

Überarbeitet und von den vielen Schwangerschaften erschöpft, überlebten viele Frauen die Geburt eines Kindes nicht. So kam es vor, dass viele Männer dreimal und mehr heira-

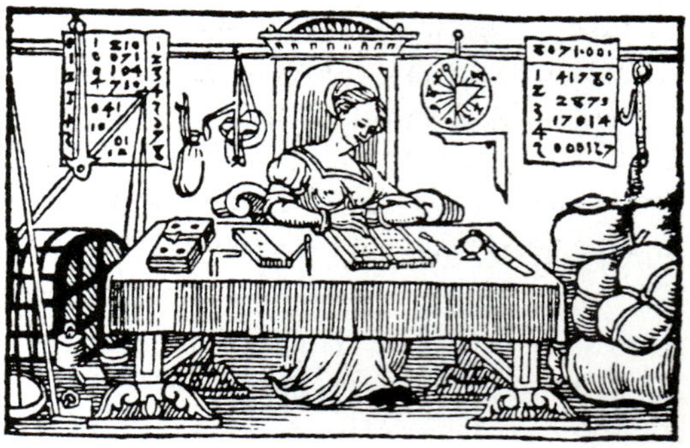

2 **Kauffrau in ihrer Schreibkammer.** Holzschnitt.

3 **Eine Geburt.** Darstellung auf einer Altartafel, 1481.

4 **Eine Kaufmannsfamilie.** Holzschnitt, 16. Jahrhundert.

teten und die Kinder nacheinander bei verschiedenen „Stiefmüttern" aufwuchsen.

Im Mittelalter gab es zahlreiche „Hausbücher", in denen die Aufgabenbereiche von Männern und Frauen genauer beschrieben wurden.

In einem Hausbuch aus dem Jahre 1393 lässt der unbekannte Verfasser einen über 60-jährigen Ehemann zu seiner 15-jährigen Ehefrau sagen:

Q1 … Pflegt euren Ehemann sorgsam und bitte haltet ihn in sauberer Wäsche, denn das ist eure Aufgabe.

Und weil die Sorge für die Geschäfte draußen Männersache ist, muss der Ehemann … hierhin und dorthin reisen, bei Regen, Wind und Schnee, schlecht verpflegt, schlecht untergebracht, schlecht gewärmt und schlecht gebettet. Und alles macht ihm nichts aus, denn ihn tröstet die Hoffnung auf die Fürsorge seiner Frau, wenn er zurückkommt, und auf die Gemütlichkeit, … die sie ihm bereitet: die Schuhe beim warmen Feuer anziehen, die Füße waschen lassen, frische Schuhe und Strümpfe anziehen, gutes Essen und Trinken vorgesetzt bekommen, schön bedient und versorgt werden …

2 *Beschreibt die Rollenverteilung zwischen Mann und Frau, wie sie in Q1 gefordert ist. Diskutiert darüber und vergleicht mit der heutigen Zeit (siehe Randspalte).*

Frau und Familie

Kinder wurden zu Hause geboren. Zehn, aber auch vierzehn oder sechzehn Kinder im Verlauf einer Ehe waren keine Seltenheit. Mangelnde Hygiene und für uns heute harmlose Kinderkrankheiten führten dazu, dass oft die Hälfte oder mehr aller Kinder starben, bevor sie das 14. Lebensjahr erreicht hatten. Bis zum Alter von sechs Jahren trugen Jungen und Mädchen die gleiche Kleidung, spielten zusammen und wuchsen zusammen auf. Erst dann entschied es sich, ob Jungen und Mädchen auch eine Schule besuchten und eine Ausbildung erhielten. Häufig ließen die Eltern aber die Mädchen im Haus. Sie lernten von der Mutter Nähen, Kochen, Weben und Spinnen, um sich auf ihre künftige Rolle als Haus- und Ehefrau vorzubereiten.

3 *Erklärt, warum so viele Ehefrauen und Mütter schon nach wenigen Ehejahren starben.*

4 *Sprecht darüber, was der frühe Tod der Ehefrau für die Kinder bedeutete.*

Aus dem Grundgesetz für die Bundesrepublik Deutschland:
Artikel 3 (2) Männer und Frauen sind gleichberechtigt. Der Staat fördert die tatsächliche Durchsetzung der Gleichberechtigung von Frauen und Männern und wirkt auf die Beseitigung bestehender Nachteile hin.

Der Kampf um das Stadtregiment

1 **Vertreter der Zünfte betreten die Ratsstube. Im Hintergrund die Patrizier, in der Mitte die Bibel und der Schlüssel für die Truhe mit der Stadtkasse.** Aus dem Zunftehrenbuch der Stadt Augsburg, 14. Jahrhundert.

1368:
Erhebung der Handwerker in Augsburg. Die Zünfte stellten fortan die Mehrheit der Stadträte.

Wer regiert die Stadt?
Es waren vor allem die kleinen Kaufleute und Handwerker, die mit ihrem Steueraufkommen den Bau des prächtigen Rathauses und der Kirchen, des Krankenhauses und der Stadtmauern ermöglichten. Wenn es in der Stadt brannte, organisierten sie die Löscharbeiten. Im Kriegsfall trugen sie die Hauptlast bei der Verteidigung der Stadt. Vom Stadtregiment aber blieben sie ausgeschlossen.
Hiergegen wehrten sich die Bürger seit dem 14. Jahrhundert immer mehr. So heißt es in einer Chronik der Stadt Augsburg:

Q1 … Am Sonntagabend, dem 22. Oktober 1368, versammelten sich in Augsburg die Zünfte unter Leitung des Hans Weiß, des Kellermeisters der Weberzunft, wohl bewaffnet am Perlachturm. Sie schlossen alle Stadttore und besetzten alle Straßen und Plätze der Stadt. Sie ließen mitteilen, die Gemeinde solle in Ruhe den Zusammentritt des Rates am folgenden Tag abwarten. Sturmglocken riefen in der Frühe des 23. Oktobers die Ratsherren zu einer außerordentlichen Ratssitzung zusammen. Schweigend eilten die Ratsherren durch die Reihen der bewaffneten Handwerker dem Rathaus zu. Dann besetzten Wachen der Zünfte die Rathauspforten und schlossen so die Falle.
Sechs ehrenwerte Zunftmeister traten vor den Rat und Hans Weiß forderte in schlichten Worten die Teilnahme der Zünfte an der städtischen Regierung. Nach stundenlangen Debatten gaben die Ratsherrren schließlich nach. Der auf dem Perlachplatz harrenden Menge verkündete man die alsbaldige Einführung der Zunftverfassung. Der Rat übergab als Unterpfand seines Wortes die Hoheitszeichen der Stadtregierung: die Türschlüssel und die Schlüssel zur Sturmglocke und zum Ratsarchiv, das Stadtsiegel und das Stadtrechtsbuch. Dann schworen „Reich und Arm“, Ratsherren und Handwerker eine „zünftliche Regierung“ einzuführen.

1 *Erschließt in Partnerarbeit den Quellentext Q1 mithilfe der Arbeitsschritte auf S. 113. Überlegt, was mit den Begriffen „Zunftverfassung“ und „zünftliche Regierung“ gemeint sein könnte.*

Die Unruhen breiten sich aus

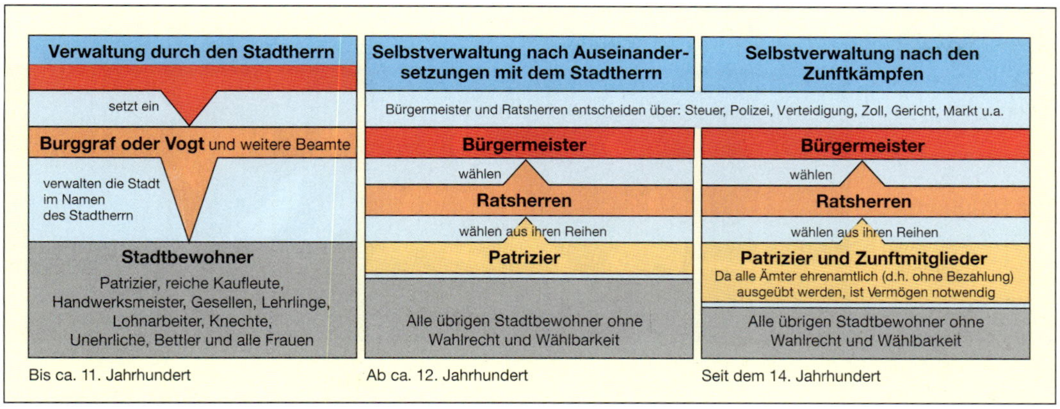

2 **Die Entstehung der städtischen Selbstverwaltung.** Schaubild.

Aufstände von Wismar bis Berlin

Wie in Augsburg, so forderten in vielen anderen Städten die Bürger ein Mitspracherecht am Stadtregiment, so z. B. auch in Wismar und Rostock. In einem Bericht aus dem 15. Jahrhundert heißt es:

Q2 … Im Jahre 1409 zogen drei Bürger, Kurt Semelow, Johann Plote und Kurt Bloyneborn, nach Wismar und unterwiesen dort die Bürger, wie die Lübecker es mit ihrem Rat gehalten hatten.
Die Wismarer kamen zusammen, erwählten unter sich sechzig Mann … Diese sechzig Mann maßten sich das ganze Regiment der Stadt an und 1411 setzten sie mit Zustimmung der Allgemeinheit den alten Rat ab und wählten einen neuen, ganz wie es die Lübecker gelehrt hatten.
Ebenso handelten auch die von Rostock, nur dass die ihren alten Rat zum Teil in den Turm warfen, während die alten Wismarer Ratsherren als schlichte Bürger in der Stadt blieben und sich um nichts mehr kümmerten …

Auch in anderen Städten kam es zu erfolgreichen Erhebungen gegen die Patrizier wie z. B. in Halle, Magdeburg, Halberstadt, Quedlinburg und Stendal. In Stendal stellten seit 1354 die Zünfte acht Ratsherren, die übrige Bürgerschaft nur noch vier. In Magdeburg gelang es den Zünften sogar schon im Jahre 1283, fünf der zwölf Ratssitze zu erobern. Seit dieser Zeit waren im Stadtrat neben den Patriziern auch die Vertreter der Kürschner, Gewandschneider, Krämer, Gerber und Schuhmacher vertreten. Es gab auch Städte, in denen die Patrizier noch längere Zeit allein regieren konnten, wie z. B. in Stendal, wo ein Aufstand der Zünfte niedergeschlagen wurde.

2 *Erarbeitet mithilfe des Schaubildes 2, wer im 11., 12. und wer seit dem 14. Jahrhundert an der Stadtverwaltung beteiligt ist.*

3 **Das Rathaus in Stendal.**

1300–1400:
Die reichen Kaufleute saßen im Stadtrat und regierten über die Städte. Dagegen empörten sich im 14. Jahrhundert in vielen Städten die Handwerker erfolgreich. Sie wollten mitregieren, schließlich zahlten sie auch Steuern.

Werkstatt Geschichte: Vor dem Rat der Stadt

Mithilfe der Situations- und Rollenkarten könnt ihr ein Rollenspiel durchführen.

1 *Beschreibt anhand der Situationskarte die Ausgangslage.*
2 *Verteilt die Rollen. Benennt Spieler und Beobachter.*
Die Spieler bereiten sich auf das Rollenspiel vor, indem sie die Ausgangslage und das Verhalten der einzelnen Personen mithilfe der Rollenkarten besprechen.
Für eine Rolle werden zwei bis drei Spielbeobachter eingeteilt. Diese achten während des Spiels darauf, wie die Rollen gespielt und welche Argumente genannt werden.

3 *Abschließend wertet ihr gemeinsam das Spiel aus:*
- *Worum ging es?*
- *Welche Rollen spielten die Einzelnen, wie verhielten sie sich?*
- *Wie entwickelte sich die Handlung?*
- *Was hat gut gefallen? (Loben hilft mehr als meckern!)*
- *Wie haben sich die Spieler gefühlt?*
- *Wurden sie von den Beobachtern verstanden?*
- *Welche Fragen sind entstanden?*
- *Wie war/ist die Wirklichkeit?*
- *Soll noch mal gespielt werden (andere Schüler/-innen, anderer Verlauf, anderes Ende)?*

Situationskarte
1. Im Ratskeller haben sich unzufriedene Bürger versammelt. Sie sind wütend, weil sie ihre eigenen Angelegenheiten noch immer nicht selbst regeln dürfen. Sie warten auf den Vertreter des Stadtherrn; dem wollen sie ihre Forderungen nach Selbstverwaltung vortragen.
2. Als er eintrifft, gibt es eine erregte Diskussion.
3. Wenig später mischt sich ein Schreinergeselle ein. Gegen ihn wenden sich jetzt alle: Mitreden soll nur, wer einer Zunft oder Gilde angehört.
4. Kann eine Lösung gefunden werden?

Rollenkarte 1
Gerhard Rink, Kaufmann, 45 Jahre; würdevoll; auf Ausgleich bedacht; einer der reichsten Männer in der Stadt; Mitglied und Sprecher der Gilde „Eisenmarkt"
- Einstellung: Streit und Kampf bringen nichts.
- Ziel: Jeder, der Steuern zahlt, soll auch „mitregieren".

Rollenkarte 2
Hannes, Weber, 18 Jahre; aufbrausend, gewaltbereit, radikal
- Einstellung: Hat „die Schnauze voll" vom dauernden Reden.
- Ziel: Will, dass sich das Stadtregiment ändert, auch wenn das Blut der Adligen und Reichen dafür fließen müsste.
- „Wer den Reichtum der Stadt erarbeitet, soll auch entscheiden dürfen. Die andern müssen weg!"

Rollenkarte 5
Albert von Wandelheim, Vertreter des Stadtherrn, 45 Jahre; machtbewusst; herablassend
- Einstellung: Versteht gar nicht, was die Leute alle wollen; der Stadtherr ist im Recht; seine Macht braucht er nicht zu teilen. Mitbestimmung für Kaufleute und Handwerker findet er eine Zumutung.
- Ziel: Ordnung schaffen! „Wer sich nicht fügt, findet sich vor Gericht oder im Gefängnis wieder!"

Rollenkarte 3
Anna Waibel, Seidenmachermeisterin, 27 Jahre; kluge, ruhige Frau
- Einstellung: Probleme löst man am besten durch Absprachen ohne Streit und Gewalt.
- Ziel: Will, dass die Zunftmeister in Zukunft die Stadt regieren.

Rollenkarte 4
Sebastian von Spiegel, adliger Grund- und Hausbesitzer, 64 Jahre; arrogant; eingebildet
- Einstellung: „Meine Familie gab es schon, da wusste man von euch anderen noch nichts ..."
- Ziel: Will mit wenigen adligen Familien die Stadt regieren. Der Stadtherr soll sich nicht einmischen – aber erst recht nicht irgendwelche „Zunft-Heinis"!

Rollenkarte 6
Tilmann, Schreinergeselle, 15 Jahre; lässig, macht sich lustig über alle Anwesenden; nur der Grundherr Spiegel macht ihn superwütend
- Einstellung/Ziel:

1. Alle sollen mitbestimmen; vor allem die vielen kleinen Leute, nicht nur die Reichen oder die Zunftmitglieder.
2. Findet Anna zu lahm („... kriechst denen in den Hintern, nur weil sie dich als Frau mitmachen lassen ...")
3. Typen wie Spiegel möchte er verprügeln („Halsabschneider", „Leuteschinder").

Zum Weiterlesen: Der Bleisiegelfälscher

Martin, ein junger Geselle, hatte das Lodenhandwerk erlernt. Jetzt suchte er Arbeit. Auf seinem Weg nach Nördlingen nahm ihn ein Fuhrmann auf einem Fuhrwerk mit.

Eine knappe Stunde später rollte das Fuhrwerk langsam in das Vorwerk des Baldinger Tores ein. Aufmerksam lenkte der Fuhrmann das Gespann durch die schmale Lücke im Schanzwall. Dann polterte der Wagen über das grob gefügte Pflaster des Vorhofes. Auf der Zugbrücke vor dem Torturm zog der Fuhrmann die Zügel an.
Am Prellstein vor dem Torgewölbe lehnte ein Wachknecht. Die eiserne Sturmhaube ins Genick geschoben und den Hellebardenschaft locker in der Armbeuge hatte er dem Fuhrwerk gelangweilt entgegengeblickt. Jetzt drehte er den Kopf und brüllte: „Kundschaft!“ Es dauerte noch einige Zeit, bis der Torwächter aus der Wachstube trat. Er war ein langer, dürrer Mensch, der sich im Gehen das Wams zuknöpfte. Dann legte er die Hände auf den Rücken und stolzierte stumm einmal um den Wagen. Der Fuhrmann lächelte spöttisch. Der Torwächter blieb stehen und klatschte mit der flachen Hand auf die Plane. Mit erhobenen Augenbrauen sah er den Fuhrmann an.
„Hä?“, machte der.
„Was geladen?“, stieß der Torwächter hervor. Es klang wie „Wasladn“.
„Wolle.“
„Bekommt wer?“
„Widmann“, nuschelte der Fuhrmann.
„Wer? – Macht gefälligst das Maul auf!“
„Der Handelsherr Georg Widemann!“, brüllte der Fuhrmann.

„Für den Herrn Handelsherrn Widemann? Gut, gut. – Ja, also dann – passiert! – Nein! Halt!“ Eilig stakste der Torwächter um den Wagen und baute sich neben dem Handpferd auf.
„Was’ mit dir?“, schnauzte er zu Martin hoch.
„Wie meint Ihr das, bitte sehr?“, fragte Martin sanft.
„Name! Stand! Alles!“
„Ich möcht mir hier Arbeit suchen. Ich bin Lodwebergeselle.“
„Brief!“
Martin öffnete seine Tasche. „Hier, mein Gesellenbrief. Den meintet Ihr doch wohl, oder?“
Der Torwächter warf ihm einen finsteren Blick zu. Mit spitzen Fingern blätterte er das Heftchen auf und begann die letzte Eintragung sorgfältig zu studieren. Leise lesen schien er nicht zu können und so erfuhr der Fuhrmann mehr über Martin:
„Wir Geschworene, Vor- und andere Meister des Handwerks der Lodweber allhier in des Heiligen Reichs Stadt Dinkelsbühl bescheinigen hiermit und tun kund, dass gegenwärtiger Lodwebergesell, namens Martin Wagner, von Dinkelsbühl gebürtig, so achtzehn Jahre alt und von Statur ...“
Jetzt folgte eine Personenbeschreibung Martins, kurz und ungenau. Aber der Torwächter ließ sich Zeit und blickte immer wieder zu ihm hoch, als müsse er sich auf das Genaueste vergewissern. Endlich las er weiter.
„... bei uns allhier ein Jahr in Arbeit gestanden und sich in solcher Zeit über getreu, fleißig, still, friedsam und ehrlich, wie einem jeglichem Handwerksgesellen gebührt, verhalten hat, welches wir also attestieren und deshalben unseren sämtlichen Mitmeistern diesen Gesellen nach Handwerks Gebrauch überall zu fördern, geziemend ersuchen wollen. Dinkelsbühl, 3. April 1613. Unterzeichnete.“
Martin streckte die Hand aus, zog sie aber wieder zurück: Der Torwächter begann die vorletzte Eintragung zu studieren. Was die Frankfurter Lodweberzunft von Martin hielt, bekam der Fuhrmann jedoch nicht mehr zu hören. Denn der Torwart las zuerst die Ortsangaben.
„Frankfurt am Main“, wiederholte er erschüttert. „Da, wo die Zünfte rebellieren ...“
Plötzlich zappelte der Torwächter vor Aufregung. „Frankfurt!“, stieß er hervor. „Aus Frankfurt! – runter vom Gaul!“

Wie es Martin in Nördlingen erging, könnt ihr nachlesen in dem Buch von Dietlof Reiche: Der Bleisiegelfälscher. Beltz & Gelberg, Weinheim 1998.

Die Juden in den Städten

1 **Mehrfach war die Würzburger Judengemeinde im Mittelalter schweren Bedrohungen ausgesetzt. Die Juden – zu erkennen an dem gelben Fleck auf der Kleidung – werden niedergeschlagen, ihre Häuser ausgeraubt.** Zeitgenössische Darstellung.

*Ein am **Judenhut** erkennbarer Arzt am Krankenbett des heiligen Basilius.*

Jüdischer Geldverleiher.

Lesetipp:
Gudrun Reinboth, Nenn mich noch einmal Jochanaan, Metz, Gaggenau 2004.

Erst willkommen geheißen ...

Die meisten Einwohner der Städte waren Christen. Unter ihnen wohnten aber auch Angehörige anderen Glaubens: die Juden. Die Juden hatten eigene Häuser für Gebet und Gottesdienst: die Synagogen. Die Thora, die Heilige Schrift der Juden, ist auch Bestandteil des christlichen Alten Testaments. Viele Juden waren gebildeter als die meisten anderen Städter. Bei den christlichen Herrschern waren Juden oft hoch angesehen wegen ihrer bedeutenden Rolle im Fernhandel. Im 10. und 11. Jahrhundert, als das christliche Abendland und die muslimischen Staaten sich eher feindlich gegenüberstanden, knüpften jüdische Kaufleute aus dem Deutschen Reich Kontakte zu den jüdischen Gemeinden rund um das Mittelmeer. So wurde der Handel gefördert.

Die Juden wirkten zunächst wie alle anderen Bewohner am Zusammenleben in der Stadt mit. Sie beteiligten sich an der Verteidigung der Städte, trieben Handel, kauften Häuser und kamen tagtäglich mit den Christen in Berührung: im Haus, auf der Straße, in der Werkstatt oder auf dem Markt.

Viele Christen waren Schuldner der Juden. Den Christen nämlich war es von der Kirche verboten, Geld gegen Zinsen auszuleihen. Wer zum Bau eines Hauses oder für andere Zwecke Geld brauchte, musste zu den Juden gehen, denn Banken gab es noch nicht.

Die Juden waren auf diese Geldgeschäfte angewiesen, weil sie seit dem 12. Jahrhundert kein Handwerk ausüben durften. Die Zünfte weigerten sich nämlich, Juden aufzunehmen. Auch landwirtschaftlichen Grundbesitz oder Häuser durften Juden nicht erwerben.

Im Lauf der Zeit hatten immer mehr Christen Schulden bei den jüdischen Mitbürgern. Das brachte die Christen gegen die Juden auf.

Ein französischer Mönch schrieb über sie um 1135:

Q1 ... Unter allen Nationen verstreut, ohne König oder weltliche Fürsten, werden die Juden mit schweren Steuern bedrückt. Das Leben der Juden ist ihren grimmigsten Feinden anvertraut. Selbst im Schlaf werden sie von Schreckensträumen nicht verlassen. Wenn sie zum nächstgelegenen Ort reisen wollen, müssen sie mit hohen Geldsummen den Schutz der christlichen Fürsten erkaufen, die in Wahrheit ihren Tod wünschen, um ihren Nachlass an sich zu reißen.

Äcker und Weinberge dürfen sie nicht besitzen. Also bleibt ihnen als Erwerb nur das Zinsgeschäft und dieses macht sie wieder bei den Christen verhasst ...

1 *Beschreibt mithilfe des Textes und der Quelle 1 die Lage der Juden. Welchen Grund nennt der Mönch für die Judenfeindschaft?*

Die Juden werden ausgegrenzt

2 **Blick auf die Synagoge in Halle.**

3 **Der jüdische Friedhof in Halberstadt.**

Leben in Gettos

Es gab zudem viele Städte, in denen die Juden gesondert in eigenen Stadtvierteln, den Gettos*, leben mussten. Das Getto war von einer Mauer umgeben. Die Tore wurden von Stadtknechten bewacht und abends verschlossen. Auch wenn die jüdische Bevölkerung zunahm, wurden die Gettos nicht erweitert. So waren sie meist überbevölkert, verbaut, dunkel und schmutzig. Denn die christlichen Eigentümer der Gettohäuser waren nur an der Miete interessiert und ließen die Häuser verkommen. Damit die Juden sofort zu erkennen waren, mussten sie seit dem 12. Jahrhundert auch eine besondere Kleidung tragen: den Kaftan, einen weiten Mantel mit gelben Streifen, und dazu einen spitzen Hut.

Pest und Judenpogrome*

Die Feindseligkeit gegenüber den Juden erreichte einen Höhepunkt, als in Europa 1348/49 die Pest ausbrach.

Ein Geistlicher aus Erfurt notierte 1349 in seiner Chronik:

Q2 ... Am 21. März 1347 wurden die Juden in Erfurt entgegen dem Willen des Rates von der Bürgergemeinde erschlagen, hundert oder mehr. Die andern aber ... haben sich, als sie sahen, dass sie den Händen der Christen nicht entkommen konnten, aus einer Art Frömmigkeit in ihren eigenen Häusern selbst verbrannt ... Mögen sie in der Hölle ruhn! Man sagt auch, sie hätten in Erfurt die Brunnen und die Gera vergiftet und auch die Heringe, sodass niemand in den Fasten davon essen wollte und keiner der reichen Bürger mit Wasser kochen ließ. Ob sie Recht haben, weiß ich nicht. Eher glaube ich, der Anfang ihres Unglücks war das unendlich viele Geld, das Barone und Ritter, Bürger und Bauern ihnen schuldeten ...

Aus vielen europäischen Staaten im 14. und 15. Jahrhundert vertrieben, wanderten zahllose Juden nach Osten, um dort eine neue Heimat zu suchen.

2 *Ermittelt anhand der Quelle 2, welche Haltung der Geistliche gegenüber den Juden einnimmt.*

3 *Nennt mithilfe der Quelle 2 die wahren und die vorgeschobenen Gründe für die Judenverfolgung.*

4 *Informiert euch, ob es in eurer Gemeinde Zeugnisse jüdischen Lebens gibt (siehe die Abbildungen 2 und 3).*

***Juden mit spitzen Hüten** gemäß der Anordnung des Laterankonzils (1215).*

*Jude in der üblichen **Judenkleidung** mit gelbem Ring auf der Schulter, 14. Jahrhundert.*

Getto*:
Vom übrigen Stadtgebiet streng abgegrenztes Wohnviertel der Juden.

Pogrom*:
Gewalttätige Ausschreitungen gegen religiöse und nationale Minderheiten.

Vom Leben in der Stadt

Aderlass, jemanden zur Ader lassen*: *Der Aderlass war im Mittelalter eine medizinische Maßnahme, die gegen verschiedene Krankheitserscheinungen eingesetzt wurde. Den Patienten sollte dadurch Linderung verschafft werden, dass ihnen eine größere Menge Blut abgezapft wurde.*

Die Marktfahne wird aufgezogen

An festgelegten Tagen – häufig an drei Tagen – der Woche war Markt. An diesen Tagen strömten die Menschen aus der ganzen Umgebung in die Stadt, kamen Bauern mit ihren Wagen oder zu Fuß, brachten Händler ihre Waren aus fernen Ländern herbei. Am Stadttor herrschte großes Gedränge; alle Wagen wurden von den Torhütern erst gründlich kontrolliert, bevor sie in die Stadt durften.

Pünktlich um sieben Uhr in der Früh wurde die Marktfahne aufgezogen. Metzger, Bäcker, Bauern, Händler und Handwerker boten ihre Waren an. Doch die Märkte dienten nicht nur dem Kaufen und Verkaufen. Sie waren ein Treffpunkt, wo Nachrichten ausgetauscht wurden. Die fahrenden Kaufleute brachten Nachrichten aus der großen, weiten Welt. Fahrendes Volk, Gaukler und Musikanten traten auf und sorgten für Vergnügen. An den Markttagen hatten auch die Bader ihren Stand aufgestellt (siehe Abbildung 2). Sie behandelten kleinere Beschwerden, zogen Zähne und ließen zur Ader*. Auch Schreiber fanden sich auf dem Markt (siehe Abbildung 3). Über sie heißt es in einer heutigen Erzählung:

M1 ... Weil nur wenige lesen und schreiben konnten, war der Schreiber am Markttag ein viel besuchter Mann. Bei ihm ließen sich die Leute Briefe oder Verträge, Listen und Abrechnungen schreiben. Als Werkzeuge dienten ihm das Tintenhorn, Federn und Messerchen zum Radieren. Man schrieb auf Pergamentblätter, die aus Kalbs- oder Schafhäuten hergestellt waren ...

1 *Beschreibt den Markttag auf den Abbildungen 1–3.*

2 *Der 12-jährige Magnus begleitet seinen Vater – einen Bauern – auf den Markt, wo sie Gemüse verkaufen. Schildert mithilfe der Materialien dieser Seite, was er erlebt haben könnte.*

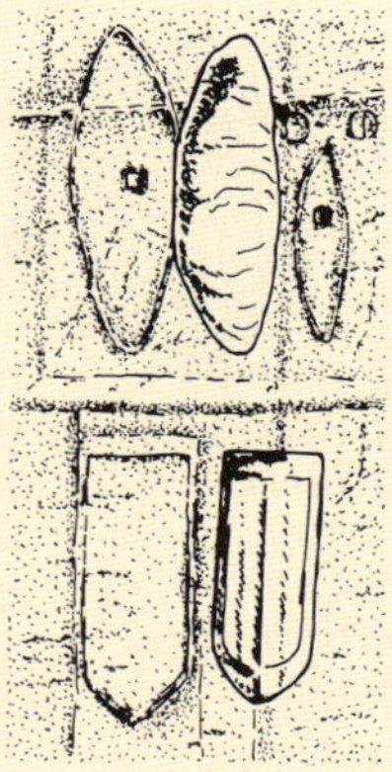

Maß *für Brot und Dachziegel am Freiburger Münster.*

1 **Markt in einer mittelalterlichen Stadt.** Rekonstruktionszeichnung nach schriftlichen und archäologischen Quellen von Jörg Müller, Biel, 1994.

Die Stadt als Markt

Öffentliche Bestrafung *eines Bäckers, der zu kleine Brote gebacken hat. Darstellung auf einer Postkarte um 1900. Betrügerische Bäcker wurden häufig in einen Käfig gesperrt und so lange immer wieder unter Wasser getaucht, bis sie fast zu ertrinken drohten.*

2 **Stand eines Baders auf dem Markt.** Rekonstruktionszeichnung nach schriftlichen und archäologischen Quellen von Jörg Müller, Biel, 1994.

Die Marktordnung

Kauf und Verkauf wurden durch die Marktordnung geregelt. Wer sie nicht befolgte, konnte hart bestraft werden. So heißt es in einer Marktordnung aus dem Jahre 1256:

Q1 … 10) Wir verordnen, dass kein Kauf außerhalb des öffentlichen Marktes stattfindet. Dies gilt für Leute, die Waren in die Stadt bringen … Wer sich nicht an die Vorschrift hält, muss der Stadt 6 Schilling und dem Richter 60 Pfennig bezahlen. Wenn einer kein Geld besitzt, wird ihm die Hand abgeschlagen werden.
11) Wir verordnen, dass zwei gute Würste, die die vorgeschriebene Größe besitzen, für einen Pfennig verkauft werden, sie dürfen aber nur aus reinem Schweinefleisch gemacht sein. Zuwiderhandelnde müssen 1 Pfund (= 240 Pfennig) zahlen und werden ein Jahr lang von ihrem Handwerk ausgeschlossen …

3 *Erklärt den Sinn der Verordnungen (Q1).*
4 *Erläutert, welche Strafen eurer Meinung nach für die genannten Vergehen sinnvoll wären.*
5 *Vergleicht den mittelalterlichen Markt mit einem heutigen Wochenmarkt.*

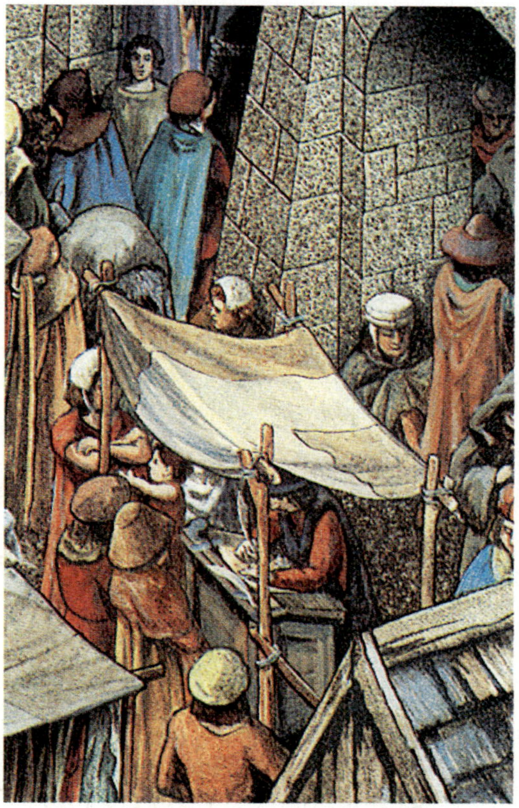

3 **Ein Schreiber auf dem Markt.** Rekonstruktionszeichnung nach schriftlichen und archäologischen Quellen von Jörg Müller, Biel, 1994.

Gotische Kirchen wachsen in den Himmel

Chartres

Notre-Dame, Paris

Reims

Canterbury

1 Kölner Dom. Baubeginn 1248. Foto, 1989.

2 Der Magdeburger Dom. Bauzeit: 1209–1363. Der Dom war der erste gotische Bau in Deutschland. Foto, 2009.

Die gotische Kirche – Zeugnis städtischen Selbstbewusstseins

Auffallendstes Bauwerk vieler Städte war nicht das neu erbaute Rathaus, waren nicht die schönen Patrizierhäuser am Markt, sondern die Kirche. Die romanischen Kirchen, wie man sie seit dem 11. Jahrhundert gebaut hatte, waren zumeist von Klöstern, Bischöfen, dem Kaiser oder Fürsten errichtet worden. Das änderte sich im 13. Jahrhundert. Jetzt war es die Bürgerschaft der einzelnen Städte: Patrizier, Zünfte und die Armen – sie alle halfen durch Spenden und eigene Tätigkeit mit beim Bau des Gotteshauses. Jahrhundertelang dauerte es manchmal, bis eine Kirche fertig war. Die Kirchen, die jetzt zum Lobe Gottes gebaut wurden, sahen ganz anders aus als vorher. In einer erfundenen Geschichte heißt es dazu:

M1 … Es war an einem trüben Herbstabend des Jahres 1180, da zog durch das Gereonstor der Stadt Köln ein fremder Wanderbursche. Er erkundigte sich nach der Zunftherberge der Bauleute und bald saß er am Tisch und erzählte:

„Daheim im Schwäbischen habe ich das Steinmetzhandwerk gelernt und bin dann auf Wanderschaft gegangen. Zuerst bin ich über die Alpen gewandert bis in die Heilige Stadt Rom. Dort hörte ich davon, dass man in Frankreich auf eine neue Art baut, und das wollte ich sehen. Meine römischen Freunde spotteten wohl über diesen barbarischen Baustil. So wanderte ich zurück und zog rheinabwärts. Dann wandte ich mich nach Westen bis zur großen Stadt Paris. Da bauen sie gerade dem heiligen Denis eine Kirche, wie ich sie in noch keinem Land gesehen habe. Sie hat fast keine Wände, man meint, es gäbe nur Fenster. Diese reichen vom Boden bis zum Dach, sind lang und schmal und haben dort einen spitzen Abschluss. Die Glasmaler haben dort goldene Zeiten! Und im Kircheninnern steigen schlanke Säulen empor, dass man meint, man wäre in einem deutschen Wald mit hohen Tannen. Das Dach ist nicht flach, von den Säulen streben Rippen in die Höhe, die sich hoch oben zu einem Schlussstein vereinigen. Alles drängt in

Gotische Baukunst

3 Gotische Fenster.

4 Spitzbogen.

5 Maßwerk.

die Höhe, hinauf zu Gott, unserem Ziel." Da meinte einer der Umsitzenden: „Wie kann man eine Kirche bauen ohne Wände, aber mit vielen Fenstern und einem Dach? Der nächste Sturm wird das ganze Bauwerk umblasen!" Der Fremde erklärte: „Daran haben die Baumeister wohl gedacht. Nicht mehr die Wände tragen das schwere Dach; das besorgen die vielen Säulen. Damit diese Säulen sich nicht nach außen biegen, bringt man außen schwere Stützpfeiler an." – Und schon zeigte er Zeichnungen von Gotteshäusern mit schlanken Säulen, hohen Fenstern und Bogenrippen an der Decke …

Ganz allmählich setzte sich diese Art des Bauens auch in Deutschland durch. Die Italiener bezeichneten diesen Baustil als „gotisch", was so viel wie „barbarisch" oder „fremd" hieß. Bis zum Beginn des 16. Jahrhunderts wurden jetzt überall gotische Kirchen errichtet.

1 *Benennt mithilfe des Textes und der Abbildungen jene Merkmale, die für eine gotische Kirche typisch sind.*

6 Das Mittelschiff des Magdeburger Doms.

7 Nordportal des Magdeburger Doms.

Häufig waren die Dachrinnen in den Strebebögen der Kathedrale verborgen. Durch ***Wasserspeier*** *wurde das Regenwasser in weitem Bogen zur Erde geleitet, sodass es die Wände nicht berührte. Die Steinmetze gestalteten sie meist als Ungeheuer. Man glaubte nämlich, böse Geister durch Fratzen, die ihnen ähnlich sehen, vertreiben zu können. Die Wasserspeier konnten aber auch Dämonen darstellen, die hier zum Dienst an der Kirche gezwungen wurden. Manchmal erhielten diese Dämonen auch die Gesichtszüge eines unbeliebten Bischofs oder eines Kollegen.*

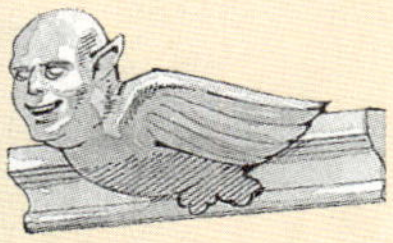

1 **Die Kathedralenbaustelle.** Auf dem Bild ist dieselbe Baustelle zu verschiedenen Zeitpunkten des Baufortschritts zu sehen. Französische Handschrift der Sage von Girart de Roussillon, 1448.

2 **Auf der Baustelle sind zwei Steinmetze zu sehen, zwei Handlanger tragen Steine auf einer Trage nach oben, ein anderer bringt in seinem Holztrog Mörtel zu den Maurern. Schwere Steine werden mithilfe eines Laufrades und eines Galgenkrans hinaufgezogen.** Berner Chronik, 1478.

Wenn man in einer Stadt eine gotische Kathedrale besichtigt, dann kann man nur staunen über die Leistungen der mittelalterlichen Handwerker, der Steinmetze, Bildhauer, Maurer, Zimmerleute und Werkmeister.
Das Ulmer Münster hat mit über 160 Metern den höchsten Kirchturm der Welt, der Dom in Erfurt hat eine Höhe von fast 75 Metern. Wie konnten die Handwerker so gewaltige Bauwerke errichten ohne Stahlgerüste und Zementmischer? Wie transportierten sie die Steine in die luftigen Höhen?
Glücklicherweise gibt es zahlreiche Abbildungen aus dem Mittelalter, die uns helfen, diese Fragen zu beantworten.

1 *Seht euch die verschiedenen Bilder genau an und erklärt die einzelnen Arbeitsvorgänge in eigenen Worten.*

Weitere Erklärungen zu den Arbeiten an einer Kathedrale findet ihr im Internet z. B. unter: ***www.br-online.de/kinder/fragen-verstehen/wissen 2008/02079/***

3 **Die Steine wurden mit einer Hebezange gehalten. Wenn man oben an einer Hebezange zieht, gehen die unteren Enden wie bei einer Schere zusammen. Damit die Greifarme nicht vom Stein abrutschen konnten, wurden jedes Mal an den gegenüberliegenden Seiten eines Steines zwei Löcher angebracht.** Altes Testament, Mitte 13. Jahrhundert.

4 **Steine werden aus dem Kahn entladen und dann zur Baustelle gebracht.** Spiezer Bilderchronik, 1484.

Geschichte vor Ort: Quedlinburg – eine mittelalterliche Stadt

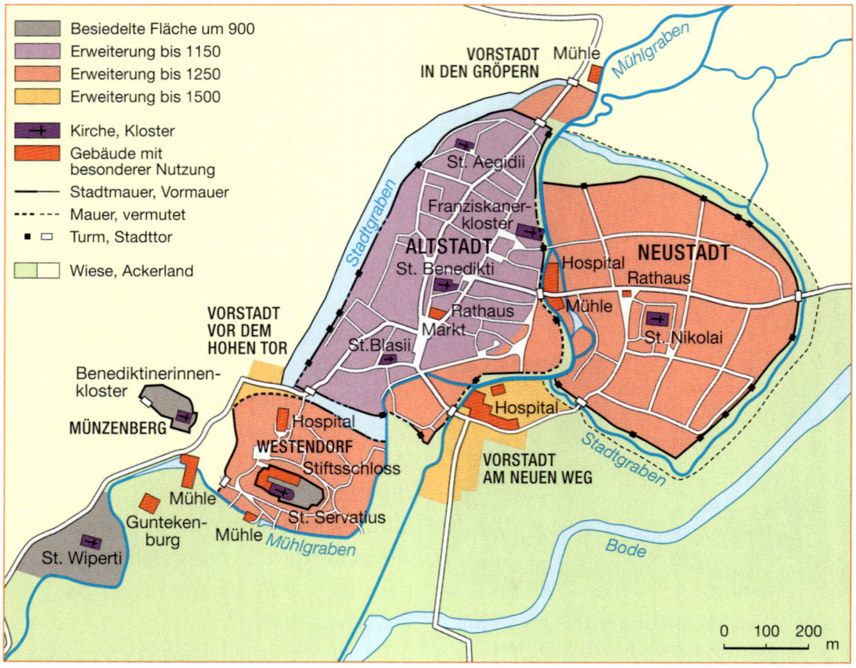

1 **Quedlinburgs Entwicklung 900–1500.**

Städte im Mittelalter

Während des Mittelalters wurden in Sachsen-Anhalt zahlreiche Städte gegründet. Häufig handelte es sich um Kaufmanns- und Handwerkersiedlungen. Auf den Märkten boten Kaufleute, Händler und Handwerker ihre Waren an: Tuche und Schuhwaren, Werkzeuge, Kleidung und was man sonst noch so zum Leben brauchte. Auch die Bauern der umliegenden Dörfer kamen in die Stadt, um hier ihre Waren zu verkaufen.

Die meisten Städte waren sehr klein, manche hatten nur einige hundert Einwohner, andere aber wuchsen schnell und gelangten zu hohem Ansehen im ganzen Deutschen Reich – wie beispielsweise Quedlinburg.

Die Gründung Quedlinburgs

Der erste deutsche König, Heinrich I. (siehe S. 10), hielt sich oft an diesem Ort auf. Zum Schutz vor den immer wieder ins Reich eindringenden Ungarn ließ er die Quedlinburg befestigen und schließlich zu einem großen Königshof umbauen. In Zeiten der Gefahr bot die Burg der Bevölkerung Schutz und Sicherheit; sie war aber auch der Ort, an dem große Versammlungen oder Feierlichkeiten stattfinden konnten.

In den nächsten dreihundert Jahren hielten sich fast alle deutschen Herrscher in Quedlinburg auf, das damit so etwas wie eine „Hauptstadt" im Deutschen Reich wurde.

Für die Bewohner und ebenso für die Teilnehmer an den großen Hoftagen der deutschen Könige sorgten Händler und Handwerker, die sich zunächst direkt unterhalb der Burg niedergelassen hatten.

Sie besorgten und verarbeiteten die Waren, die über die großen Verkehrsstraßen nach Quedlinburg kamen. Auch Bauern aus der Umgebung, die der Leibeigenschaft entfliehen wollten, zogen in diese Siedlung. So wuchs Quedlinburg in kurzer Zeit zu einer Stadt heran. Schon im 11. Jahrhundert gehörte Quedlinburg zu den bedeutendsten Städten im Deutschen Reich.

1 *Berichtet über die Entwicklung Quedlinburgs.*

2 *Wertet die Karte mithilfe folgender Aufgaben aus:*

- *Stellt fest, welche Bedeutung die Farben haben.*
- *Ermittelt, welches die ältesten Teile Quedlinburgs sind.*
- *Beschreibt die Veränderung des Stadtbildes um 1150, 1250 und 1500.*
- *Gebt mit eigenen Worten wieder, was ihr mithilfe der Karte über Quedlinburg im Mittelalter erfahren habt.*

2 **Burgberg, Burg und Stiftskirche St. Servatius in Quedlinburg, Harz.**

Wenn ihr einen „Schauplatz" der Geschichte aufsucht, dann nennt man das eine Exkursion. Wenn die Exkursion mehr als ein Ausflug sein soll, müsst ihr sie gut vorbereiten, planmäßig durchführen und sorgfältig nachbereiten. Bei einer Exkursion geht es jedoch nicht nur darum, vorher feststehende Fragen zu beantworten. Eine Exkursion sollte ein interessantes Erlebnis werden, bei dem das Ziel auch Überraschungen bereithält. Hier geht es um die Spuren einer mittelalterlichen Stadt.
So könnt ihr eure Exkursion planen:

1. Schritt: Informationen beschaffen

Sucht Bücher und alte Ansichten zu der Stadt, die ihr besuchen wollt, z. B. in der Stadtbücherei, im Stadtarchiv oder im Internet.
Bittet beim Verkehrsamt oder im Rathaus um alte und neue Stadtpläne.

2. Schritt: Die Fahrt organisieren

Legt Termin, Verkehrsmittel und Zeiten fest und erkundigt euch nach den Kosten.

3. Schritt: Informationsmaterial studieren

Sichtet das Material, das ihr beschafft habt, im Hinblick auf mittelalterliche Spuren:
- Welche typischen Elemente einer mittelalterlichen Stadt sind erhalten (Kirchen, Stadtmauer, Rathaus, Handwerkerviertel)?
- Vergleicht den neuen mit dem mittelalterlichen Stadtplan: Welche Viertel gab es schon im Mittelalter, welche sind später hinzugekommen?
- Werden Führungen zur Stadt oder zu einzelnen Gebäuden angeboten (Kosten erfragen und anmelden)?
- Gibt es ein Stadtmuseum, das über die Geschichte im Mittelalter informiert? Vereinbart in diesem Fall frühzeitig einen Führungstermin.

4. Schritt: Aufgaben verteilen

Wenn ihr für euren Rundgang durch die Stadt keinen Führer habt, bildet kleine Gruppen, die es übernehmen, sich über einzelne Sehenswürdigkeiten zu informieren und sie an Ort und Stelle möglichst interessant und anschaulich darzustellen.

5. Schritt: Ergebnisse dokumentieren und Erfahrungen auswerten

Fertigt nach der Exkursion z. B. eine Wandzeitung mit Aufnahmen von alten Häusern, Kirchen usw. Schreibt dazu auf, wann sie gebaut wurden. Ihr könnt auch einen Bericht für die Schülerzeitung schreiben.
Überlegt, was gut war und ob ihr bei der nächsten Exkursion etwas besser machen könnt.

Zum Weiterlesen: Unter Gauklern

Martis, ein junger Hirte, findet im Moor das Mädchen Linori, die sich in Lebensgefahr befindet.

„Harm“, fragte ich, „kannst du erkennen, was da unten ist?“ Ich kauerte mich neben den Hütehund und zeigte hinab ins nasse Ried. Harm hob die Schnauze und winselte. „Aber doch nicht meine Nase!“, lachte ich und fuhr ihm durchs Fell. „Nein, dahinten das Ding, dort bei dem Moosauge, das meine ich. Es bewegt sich. Ist es vielleicht ein Schaf vom Wemdinger Hirten? Wie hat es sich ins Moos verirrt?“ Ich stand auf, pfiff nach Chnüttel, dem zweiten Hütehund, und stieg bis zur Kuppe vom Metzelsbühl. Die Hunde folgten und Schafe trotteten herbei. Ich trieb meinen Hirtenstock in die Erde, hängte Rock, Horn und Hut darüber und befahl Harm: „Bringt die Tiere zusammen. Passt auf, dass sie hier oben bleiben! Ich laufe hinunter in die Senke und sehe nach, was da im Sumpf steckt.“ … Dann sah ich halb im Wasser liegend hinter einem kahlen Weidenbusch die Gestalt. „Du da!“, rief ich, doch sie rührte sich nicht. Jetzt konnte ich es deutlich erkennen: Es war wirklich ein Mensch! … Ich vernahm schwache Wimmerlaute. Da flog lärmend ein Schwarm Tauchenten auf. Ich lauschte wieder, rief abermals, aber es regte sich nichts mehr. Ich biss mir auf die Lippen. „Martis, langsam!“, hielt ich mich an. „Du musst ruhig bleiben.“ Ich bekam einen Ast der Weide zu fassen und zog mich hinüber, bis ich in ihrem Wurzelwerk sicheren Stand fand …
Ja, es musste ein Mädchen sein. Ihre Augen waren weit offen und starrten mich stumm an.

„Du“, sagte ich so gefasst, wie ich konnte, „jetzt haben wir es gleich geschafft. Bleib liegen. Ich werfe Knüppel in deine Nähe, dann kann ich zu dir herüberkommen.“
Es gelang mir, zu ihr an das moostrübe Wasserloch zu kriechen. Ich fasste das Mädchen unter die Arme und versuchte sie hochzuziehen. Sie mochte so groß sein wie ich, war aber sehr schmal. Dennoch schaffte ich es nicht, sie bis über den Wasserrand zu ziehen …
Während ihre Beine noch ins Wasser baumelten, gelang es mir mit einem gewaltsamen Griff, sie vom Bauch auf den Rücken zu rollen. Ich fasste nach, fand besseren Halt und rückte ein letztes Mal heftig hoch. Da lag sie nun, überzogen mit Modder und Mulm zwischen den niedergedrückten braunen Seggen. Ich hockte mich zu ihr und lehnte sie mit dem Rücken gegen meine Schulter. „Mädchen“, sagte ich keuchend, „es tut mir leid, wenn ich dir wehgetan habe. Jetzt bist du jedenfalls draußen. Auf, komm zu dir und sag etwas. Wie kommst du hierher? Wo willst du hin mitten durchs Ried?“
Ich rechnete schon gar nicht mehr mit einer Antwort. Aber ihre Augenlider flatterten, und sie flüsterte tonlos ein paar Silben in ihrer Sprache, die ich damals … noch nicht verstand …
Ich war froh, dass sie wenigstens ein paar Töne von sich gab, und sagte beschwichtigend: „Ja doch, lass gut sein. Wir haben es ja geschafft.“ … Unterdessen dachte ich unruhig darüber nach, wie es jetzt weitergehen sollte. In Richtung Wemding stieg der Grund, da würden wir besser fortkommen. Aber bis nach Wemding mit ihr? Darüber würde es später Abend werden …
Da fiel mir Babelin ein, wie die Leute sie hier nennen. Einige schlagen dabei verstohlen das Kreuz über sich. Babelins Haus lag bei der Gesundquelle an der Paradiesspitze, dem Holz auf halbem Weg nach Wemding. Dorthin konnte ich das Mädchen bringen …

Er bringt das Mädchen zu Babelin, die als Hexe verschrien ist. Später schließen sich beide Gauklern an und erfahren so das Leben unter den Menschen des Mittelalters.

Welche Abenteuer Martis und Linori dabei erleben, könnt ihr nachlesen in:
Arnulf Zitelmann: Unter Gauklern, Beltz & Gelberg, Weinheim, 23. Aufl. 2007.

Zusammenfassung

Von der Siedlung zur Stadt
Städte, wie wir sie aus dem alten Griechenland oder dem Römischen Reich kennen, entwickelten sich in Deutschland aus alten Römer- und Bischofsstädten oder aus Kaufmannssiedlungen. Immer mehr Menschen zog es vom Land in die befestigten Städte, die ihnen Sicherheit, Arbeit, ein bequemeres Leben und vor allem Freiheit bieten konnten.
Seit dem Hochmittelalter wurden immer häufiger Städte von einem Stadtherrn gegründet, der dadurch seine Herrschaft sicherte und wichtige zusätzliche Einnahmen erhielt.
Die Rechte der Stadtherren wurden seit 1200 fast überall von den Patriziern, reichen Kaufleuten, übernommen. Sie wählten aus ihren Reihen den Rat der Stadt und stellten den Bürgermeister. Erst im Spätmittelalter erkämpften sich die Zünfte der Handwerker in vielen Städten ein Mitspracherecht. Von der politischen Mitwirkung ausgeschlossen blieben die Frauen ebenso wie die Angehörigen der Unterschichten.
Rechtlos waren weitgehend auch die Bewohner jüdischen Glaubens. Sie durften fast keine Berufe ausüben und auch keinen landwirtschaftlichen Grundbesitz oder Häuser erwerben. Von der übrigen Bevölkerung getrennt lebten sie in engen Ghettos. Gingen sie in die Stadt, mussten sie eine besondere Kleidung tragen, an der sie sofort als Juden zu erkennen waren. Sie wurden verdächtigt, die Pestepidemien ausgelöst zu haben und deshalb grausam verfolgt und umgebracht.

Städtisches Leben
Der Markt, Kauf und Verkauf bestimmten das Leben in der Stadt. Der Rat erließ hierfür genaue Vorschriften, deren Übertretung hart bestraft wurde.
Der sichtbare Mittelpunkt jeder Stadt waren nicht der Marktplatz oder die stolzen Patrizierhäuser, sondern die Kirchen, die in einem neuen, dem gotischen Stil errichtet wurden. In diesen prächtigen Kathedralen spiegelten sich der Reichtum und das Selbstbewusstsein der Städte und ihrer Bürger wider.

Seit 1100

Städte entstehen in ganz Europa.

Um 1400

Zünfte erkämpfen sich ein Mitspracherecht im Stadtregiment.

Ab 1095

Verfolgung der Juden.

1150–1500

Mit der Gotik entsteht in Europa eine neue Stilrichtung in der Baukunst.

Check: Das solltet ihr wissen

Arbeitsbegriffe

- ✓ mittelalterliche Stadt
- ✓ Markt
- ✓ Gilde
- ✓ Zunft
- ✓ Gotik

Was wisst ihr noch?

1 Welche Voraussetzungen waren für die Entstehung von Städten wichtig?
2 Wozu dienten die Märkte in den mittelalterlichen Städten?
3 Nennt mittelalterliche Städte in Sachsen-Anhalt.
4 Nennt Aufgaben der Zünfte.
5 Warum werden gotische Kirchen auch als „Zeugnis städtischen Selbstbewusstseins" bezeichnet?

Tipps zum Weiterlesen

Günther Bentele: Schwarzer Valentinstag. Bertelsmann, München 2005.

David Macaulay: Sie bauten eine Kathedrale. dtv, München 2004.

Dieter Reiche: Der Bleisiegelfälscher. Beltz & Gelberg, Weinheim 2005.

Ulrike Schweikert: Das Jahr der Verschwörer. Droemer/Knaur, München 2004.

Ruben Ph. Wickenhäuser, Mauern des Schweigens. Verlag G & G, Wien 2003.

Check: Das solltet ihr können
Erklären – zuordnen – berichten – erkunden

1 Welche Begriffe passen nicht zum Thema Leben in der mittelalterlichen Stadt?

- PEST
- KATHEDRALE
- RITTER
- BÜRGER
- RATHAUS
- BAUERN
- ZÜNFTE
- BURGEN
- MARKGRAF
- GOLDSCHMIED
- PFALZ
- MARKTFAHNE
- TAGELÖHNER
- MINNESANG

2 Ordnet die Berufe im Kasten den einzelnen Bevölkerungsschichten in der Stadt zu: Patrizier – Mittelschicht – Unterschicht.

- Gesellen
- Handwerker
- Mägde
- Bettler
- Lehrlinge
- Henker
- Totengräber
- Krämer
- Fernhandelskaufleute

3 Schreibt einen Bericht über den Bau und die Bedeutung von Kathedralen.

4 Ihr seht hier drei Abbildungen aus dem Kapitel, aber ohne Bildunterschrift. Schreibt in euer Heft zu jedem Bild, was ihr noch über das Thema wisst, für das es steht. Sucht dann die jeweilige Seite aus dem Kapitel und überprüft euer Wissen.

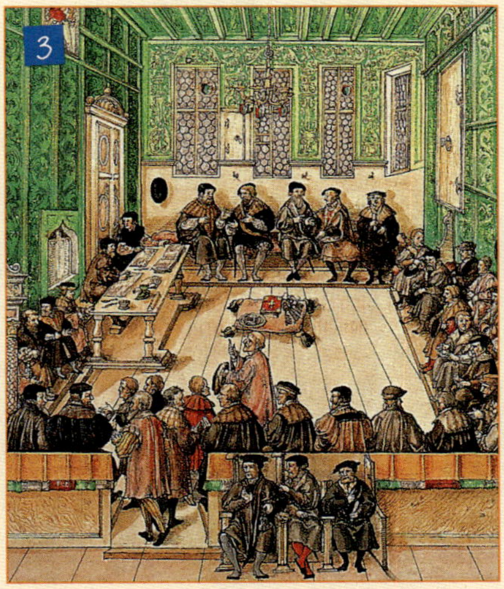
3

1

2

4. Methodenpraktikum: Geschichte in Sachzeugnissen

Überall in unserer Umgebung begegnet uns Geschichte. Dies kann ein altes Buch zuhause im Bücherregal sein, ein Denkmal, ein altes Fachwerkhaus in der Stadt oder eine alte Tasse vom Flohmarkt. All diese Sachzeugnisse können uns etwas über die Vergangenheit erzählen.
Besonders viele Sachzeugnisse können wir bei einem Museumsbesuch entdecken. Wir möchten gerne Schülerinnen und Schüler der Ganztagsschule „Gotthold Ephraim Lessing“ bei einem Besuch im Danneil-Museum in Salzwedel (Altmarkkreis Salzwedel) begleiten. Das Museumsgebäude und Ausstellungsgegenstände könnt ihr auf dieser Seite sehen.
Die Schülerinnen und Schüler der sechsten Klasse haben sich mit verschiedenen Sachzeugnissen auseinandergesetzt und diese zum „Sprechen“ gebracht. Sie können euch Anregungen geben, wie auch ihr mit Sachzeugnissen umgehen könnt, damit sie euch etwas über die Vergangenheit erzählen.

Methodenpraktikum: Ein Museum erkunden

1 **Das Danneil-Museum in Salzwedel (Altmarkkreis Salzwedel).** Foto, 2009.

2 **Schülerinnen und Schüler der Klasse 6b der Ganztagsschule „Gotthold Ephraim Lessing" erkunden das Danneil-Museum.** Foto, 2009.

Das Danneil-Museum in Salzwedel

Das Kreisheimatmuseum in Salzwedel ist nach Johann Friedrich Danneil (1783–1868) benannt. Danneil machte sich als Lehrer, Archäologe und Heimatforscher einen Namen.
Das Museum zeigt unterschiedliche Sachzeugnisse aus der Geschichte der Altmark. Durch diese Sachzeugnisse in der Ausstellung können wir etwas über den Alltag und die Lebensweise der Bewohner der Stadt Salzwedel und Umgebung in den vergangenen Jahrhunderten erfahren. Ein Schwerpunkt der Dauerausstellung behandelt die Region und Stadt Salzwedel im Mittelalter.

Die Ausstellungsstücke „erzählen" uns aber auch etwas über die Geschicklichkeit der Handwerker und Künstler aus der Altmark. Dies zeigen uns Sachzeugnisse wie historische Möbel, Goldschmiedekunst aus Kirchen und fein gefertigte Waffen.
Es gibt außerdem einen Ausstellungsbereich mit Funden zur Ur- und Frühgeschichte, die unter anderem auf Johann Friedrich Danneil zurückgehen.
Das Museumsgebäude selbst ist das größte Ausstellungsstück. Es ist ein Fachwerkbau mit einem Treppenturm, der im 16. Jahrhundert errichtet wurde. Das Gebäude wurde als Stadtsitz der in der Altmark ansässigen Adelsfamilie von der Schulenburg erbaut.

Die Adresse lautet:
Johann-Friedrich-Danneil-Museum
Salzwedel
An der Marienkirche 3
29410 Salzwedel
Tel.: 03901 423380
info@danneil-museum.de
www.museen-altmarkkreis.de

1 *Findet heraus, ob es auch in eurer Region ein Heimatmuseum gibt.*

Die folgenden Schritte helfen euch, selbstständig ein Museum zu erkunden.

Methodenpraktikum: Ein Museum erkunden

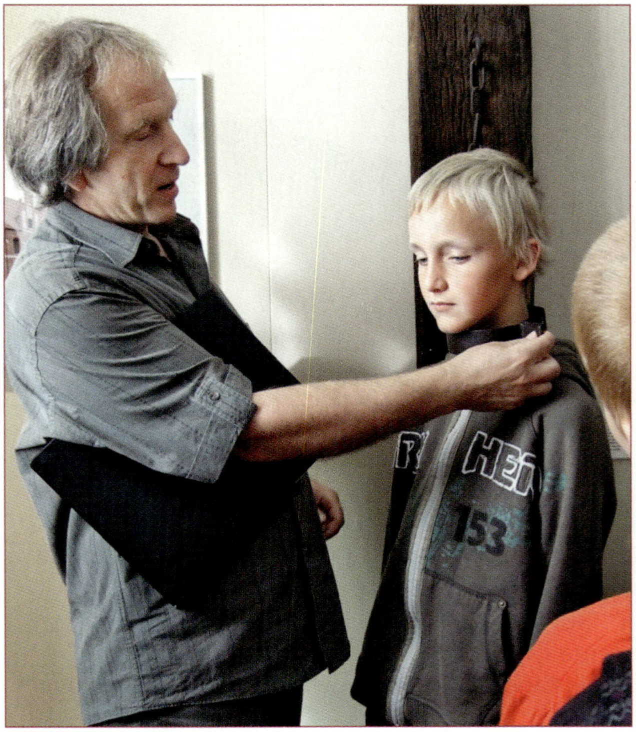

3 **Der Museumsleiter führt einen Pranger vor.** Foto, 2009.

4 **Auswertung des Museumsbesuchs in der Klasse.** Foto, 2009.

1. Schritt: Inhaltliche und organisatorische Vorbereitung

- Wählt ein Museum aus, das erkundet werden soll.
- Stellt fest, welche Angebote das Museum für Schülerinnen und Schüler anbietet und ob ihr diese nutzen wollt (z. B. allgemeine Führung, thematische Führung, Aktionen und Projekte).
- Bereitet Fragen vor, z. B.:
  - Welche Objekte sind für die Lebenswelt des Spätmittelalters interessant?
  - Was wollt ihr darüber erfahren?
- Wie wollt ihr eure Ergebnisse während der Erkundung festhalten (Arbeitsblatt erstellen, Notizen machen)?
- Wer fotografiert die Exkursion?
- Wer begleitet die Erkundung?

2. Schritt: Das Museum entdecken und erforschen

- Teilt euch – wenn möglich – in Lerngruppen auf. Findet die Ausstellungsobjekte und dokumentiert, was ihr seht.
- Setzt euch mit den Texttafeln zu den Ausstellungsobjekten auseinander:
  - Welche Informationen liefern diese Tafeln?
  - Sind die Informationen für euch verständlich?
  - Helfen euch diese Informationen, um das Ausstellungsobjekt zu verstehen?

3. Schritt: Auswertung des Besuchs

- Berichtet vor der Klasse über den Museumsbesuch und stellt dabei eure Erkenntnisse vor.
- Findet Antworten auf folgende Fragen:
  - Warum ist es wichtig, Dinge aus der Vergangenheit zu sammeln?
  - Was habt ihr durch die Erkundung gelernt?

– Sichert eure Erkenntnisse (z. B. Wandzeitung gestalten, einen Informationstext für eine Broschüre der Stadtinformation oder für die Internetseite der Schule schreiben).

Methodenpraktikum: Sachzeugnisse erzählen

1 **Ein Langschwert.**

Was sind Sachzeugnisse?

Sachzeugnisse sind Überlieferungen aus der Vergangenheit. Weil es sich dabei meistens um Dinge handelt, die man in die Hand nehmen kann, sprechen wir auch von „gegenständlichen Quellen". Diese Gegenstände sind Zeugnisse aus der Vergangenheit, denn sie erzählen uns heute etwas von den Lebensumstände derjenigen Menschen, die sie geschaffen und benutzt haben.

1 *Überlegt mit eurem Banknachbarn, welches Sachzeugnis zuhause etwas über euch persönlich erzählen könnte.*

2 *Welche der hier abgebildeten Sachzeugnisse 1–5 gehören in die spätmittelalterliche Lebenswelt, welche sind älter, welche sind jünger? Begründet die von euch gewählte Reihenfolge.*

Sachzeugnisse im Museum

Ausstellungsstücke im Museum sind Sachzeugnisse vergangener Epochen und Zeiten. Im Museum wird gesammelt, was für den Gebrauch in der Gegenwart keinen realen Nutzen mehr hat, aber als Zeugnis einer anderen Zeit auch weiterhin einen bestimmten Erinnerungswert darstellt.

Im Museum werden Sachzeugnisse gesammelt, um sie für die Nachwelt zu erhalten. Oft müssen diese Gegenstände – noch bevor sie ausgestellt werden können – wiederhergestellt (restauriert) werden. Hierzu gehören die Reinigung, Instandsetzung und Maßnahmen zur Erhaltung (z. B. die Lagerung unter bestimmten Temperaturen).

Eine weitere wichtige Aufgabe des Museums ist die Erforschung von Sachzeugnissen. Denn bevor man zum Beispiel eine alte Münze in einer Ausstellung präsentiert, muss man wissen, was die Inschrift und Bilder auf der Münze bedeuten, welchen Wert sie in der damaligen Zeit hatte. Erst durch die Beantwortung solcher Fragen kann man den geschichtlichen Zusammenhang rekonstruieren und ein Sachzeugnis „zum Sprechen" bringen.

Wenn all dies getan ist, muss man noch überlegen, wie man den Gegenstand in der Ausstellung interessant präsentiert.

3 *Erklärt die Bedeutung von Sachzeugnissen für die Gegenwart.*

4 *Beschreibt, wie ein Sachzeugnis in eine Ausstellung gelangt.*

Wenn euch außerdem interessiert, wie man in einem Museum arbeitet, könnt ihr auch eine Expertenbefragung durchführen. Ladet den Leiter eines Museums eures Ortes in die Schule ein oder eine Gruppe interessierter Schüler besucht ihn im Museum. Ihr könnt ihm zu folgenden Themen Fragen stellen:

- Aufgaben des Museums
- Inhalte der Ausstellung
- Was wird gesammelt?
- Maßnahmen zum Erhalt der Ausstellungsstücke

Wertet das Interview in der Klasse aus.

2 **Eine Münze.**

3 Ein Pranger.

4 Versandbehälter für Salzwedeler Baumkuchen.

5 Feuersteinklinge aus Stöckheim (Altmarkkreis).

Methodenpraktikum: Die Christophorus-Figur

1 **Die Christophorus-Figur im Danneil-Museum, Salzwedel.**

Schülerinnen und Schüler der Ganztagsschule „Gotthold Ephraim Lessing“ haben ein Museumsobjekt aus dem Danneil-Museum ausgewählt und es zum Sprechen gebracht. Es ist eine Holzfigur des heiligen Christophorus.
Folgende Arbeitsschritte können euch helfen, ein anderes Sachzeugnis zum Sprechen zu bringen:

1. Schritt:
Was kann man sehen?

Wie sieht das Sachzeugnis aus?
- Größe
- Form
- Farbe/Muster
- Material
- Qualität …

Ihr könnt die Figur/das Sachzeugnis auch zeichnen.

2. Schritt:
Die Eigenschaften des Sachzeugnisses erschließen

- Alter, Herkunft, Fundort und -zeit, Herstellungstechnik ermitteln
- Wozu wurde das Sachzeugnis genutzt?
- Welche Informationen liefert die Texttafel zum Ausstellungsstück? (siehe M1)
- Nutzt weitere Informationsquellen (z. B. Befragung der Museumsmitarbeiter, Bücher, Internet).

3. Schritt:
Welche Erkenntnisse kann man gewinnen?

- Welche Rückschlüsse lässt das Sachzeugnis zu, z. B. auf Verbreitung und das Leben, Arbeiten, Wohnen der Menschen in der Zeit?
- Wie ist das Sachzeugnis zeitlich einzuordnen?

Beachtet: Nicht immer ist es möglich, alle Fragen zu einem Sachzeugnis zu beantworten – z. B. wenn bestimmte Informationen fehlen.

1. *Wertet den Text der Ausstellungstafel (M 1) mithilfe der Methode „Sachtexte verstehen“ auf S. 113 aus.*
2. *Haben euch die Informationen aus M 1 weitergeholfen?*
3. *Ist die Figur für die Besucher sichtbar in der Vitrine angeordnet?*
4. *Vergleicht die Christophorus-Figur mit dem Text der Ausstellungsstafel (siehe M 1). Findet Gemeinsamkeiten und erklärt eure Beobachtungen.*

2 **Die Christophorus-Figur.** Nahaufnahme.

1. Beschreibung:
- Figur, Mann, aus Holz, nicht bemalt, beschädigt (Beine und linker Arm fehlen), etwa 40 cm groß.
- Der Mann hat lange lockige Haare und einen Bart. Er trägt ein Hemd, das an der Taille mit einem Gürtel zusammengehaltenwird. Er trägt außerdem einen knapp über die Schulter reichenden Umhang.
- Auf seiner rechten Schulter trägt er eine kleine Figur (ein Kind?), der Kopf und linke Hand fehlen.

2. Eigenschaften ermitteln:
- wenige Informationen über die Figur
- stammt vermutlich aus dem 16. Jahrhundert
- vielleicht eine Gebetsfigur einer Familie, von der sich die Menschen Schutz erhofften?

3. Erkenntnisse:
- Die Figur zeigt, dass der Glaube an Gott im Mittelalter eine wichtige Rolle spielte.

M2 Sophies Notizen zur Christophorus-Figur.

M1 Der Text der Ausstellungsstafel

Der heilige Christophorus

Der Name Christophorus kommt aus dem Griechischen und bedeutet wörtlich Christusträger. Christophorus ist der Patron der Pilger, der Reisenden, des Verkehrs und der Berufe, die mit schwerer Arbeit und großem Krafteinsatz zu tun haben. Der Verehrung dieses Heiligen liegen mehrere Legenden zugrunde.

Nach der Überlieferung wollte der Riese Reprobus nur den Mächtigsten dienen. Nachdem er im Dienst eines Königs und des Teufels gestanden hatte, trug er auf Anraten eines Einsiedlers fromme Pilger und dann Christus in Gestalt eines Kindes durch einen Fluss bzw. eine Furt. Daher stammt der Name Christusträger.

Der heilige Christophorus wird in der Regel bärtig und barfuß im Wasser stehend dargestellt. Dabei sind oft auch Fische und Wasservögel zu sehen. In der Hand hält er einen Stock, auf seiner Schulter sitzt das Christuskind.

Christus kann dabei ein Buch oder auch die Weltkugel in der Hand halten. Den Stock steckte Christophorus nach der Legende am Ufer in die Erde. Dieser fing daraufhin an zu grünen und Früchte zu tragen.

Nach mittelalterlichen Vorstellungen sollte der Anblick des Christusträgers vor plötzlichem Tod und anderem Unheil beschützen. Er wurde deshalb oft groß und weit sichtbar an Kirchenaußenwänden, im Inneren der Kirchen, aber auch an Stadttoren und Burgen angebracht.

In Salzwedel findet sich eine Reliefdarstellung am Altstädter Rathaus [siehe S. 106/107].

5. *Vergleicht die Christophorus-Figur aus dem Museum mit der Figur am Altstädter Rathaus (siehe S. 107, Abbildung 3). Findet Gemeinsamkeiten und erklärt eure Beobachtungen.*

6. *Überlegt, warum eine Christophorus-Figur am Rathaus angebracht wurde.*

7. *Ein Besucher des Altstädter Rathauses oder im Museum fragt euch nach der Bedeutung der Christophorus-Figuren. Erarbeitet zu zweit einen Text, in dem ihr ihm die Frage beantwortet.*

Methodenpraktikum: Ein Münzschatz

1 **Das Tongefäß, in dem die Münzen des Schatzes aufbewahrt wurden.**

3 **Die Münzen.**

Im Danneil-Museum haben die Schülerinnen und Schüler der Lessing-Gesamtschule ein besonders spannendes Ausstellungsstück kennengelernt: den Münzschatz von Kortenbeck.
Im Frühjahr 1965 wurde im Dorf Kortenbeck bei Salzwedel ein Tongefäß mit alten Münzen gefunden. Auf diesen beiden Seiten erfahrt ihr am Beispiel des Münzschatzes von Kortenbeck, wie ihr das Sachzeugnis

2 **Eine Münze des Kortenbecker Fundes.** Sie stammt aus Hamburg und wurde nach 1410 geschlagen.

„Münze" zum Sprechen bringen könnt. Auch hierbei könnt ihr die Schritte verwenden, die ihr bereits auf S. 102 kennengelernt habt.
Im Folgenden sind diese Schritte nochmals dargestellt – allerdings mit speziell auf Münzen bezogenen Fragen.

1. Schritt: Was kann man sehen?

- Was ist abgebildet?
- Trägt die Münze eine Inschrift?
- Wie groß ist die Münze?
- Aus welchem Material ist sie hergestellt?

Es ist sehr hilfreich, vor der Beschreibung eine Zeichnung der Münze anzufertigen. Konzentriert euch dabei auf Besonderheiten.

2. Schritt: Was kann man erschließen oder erfragen?

Ermittelt die „Vergangenheit" der Münze. Hier könnt ihr die Informationen der Ausstellungstafel heranziehen.

- Wie alt ist die Münze?
- Wo wurde sie geprägt?
- Was bedeuten Symbole auf der Münze (z. B. ein Wappen)?
- Ist sie ein Einzelstück oder ein Massenprodukt?
- Welchen Wert hatte die Münze (zu damaliger Zeit)?
- Wo kann ich weitere Informationen erhalten (z. B. Befragung der Museumsmitarbeiter, Bücher, Internet)? Geht durch die Ausstellung und sammelt weitere Informationen, die mit der Münze in Verbindung stehen.

3. Schritt: Welche Erkenntnisse kann man gewinnen?

- Welche Rückschlüsse lässt die Münze auf die Zeit, aus der sie stammt, zu?

So könnten eure Ergebnisse aussehen:

1. Was kann man sehen?

- Ein ca. 15 cm hohes, beutelförmiges Tongefäß, am oberen Rand mit Rillen verziert.
- Zwei Tafeln mit unterschiedlich großen Münzen. Es sind sehr dünne Münzen.
- Manche Münzen enthalten auf der Oberfläche eine Inschrift, dann sind noch verschiedene Motive abgebildet (doppelköpfiger Adler, Kreuz, drei Türme).

2. Was kann man erschließen oder erfragen?

Informationen der Ausstellungstafel, Befragung, Bücher, Internet)

- 867 Münzen
- Münzen aus dem 14. und 15. Jahrhundert aus deutschen Städten und kirchlichen Verwaltungsgebieten (z. B. Lüneburg, Lübeck, Hamburg, Wismar, Salzwedel, Erzbistum Magdeburg, Bistum Hildesheim). Oft sind Symbole des Wappens der Städte und Bistümer als Motive auf den Münzen zu sehen.
- Die Münzen bestehen aus dünnem Silberblech. Die meisten davon sind sind einseitig geschlagen und tragen daher auf Vorder- und Rückseite dasselbe Münzbild (so genannte „Brakteaten").

3. Welche Erkenntnisse kann man gewinnen?

- Die Münzen geben Hinweise auf die Bedeutung Salzwedels im Mittelalter.
- Einige Münzen stammen aus Salzwedel, das heißt, sie wurden dort geprägt. Prägeorte waren im Mittelalter nur Städte.
- Die unterschiedlichen Herkunftsorte der Münzen und ihr Fund bei Salzwedel weisen auf intensive Handelsbeziehungen Salzwedels zu anderen Städten hin.

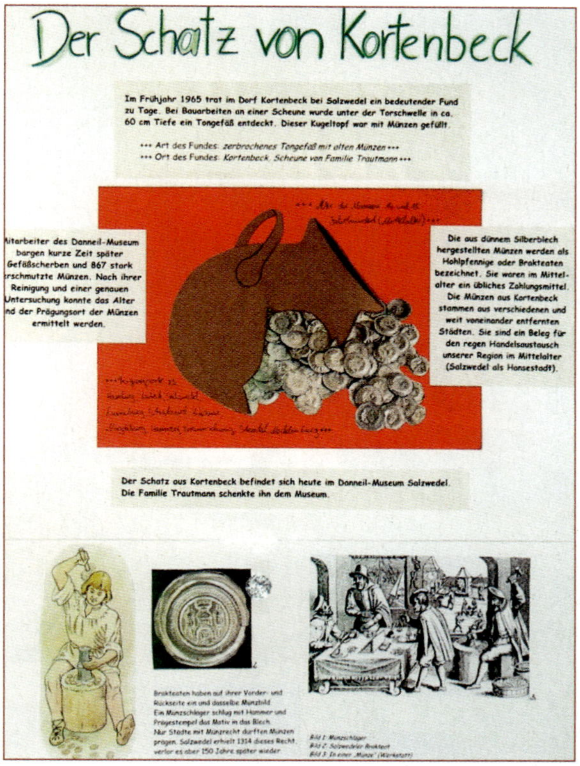

4 **Eine Schülerin hat ihre Erkenntnisse in einem Plakat zusammengefasst.** Foto, 2009.

Informationen ordnen und auswerten.

Eine andere Möglichkeit, die Informationen zu strukturieren und auszuwerten ist es, einen Sachtext zu schreiben. Auf unser Beispiel bezogen, ist es die Geschichte des Münzschatzes von Kortenbeck.

So könnt ihr vorgehen.

1 *Sammelt und ordnet die historischen Ereignisse, die für den Schatz bedeutsam sind.*

2 *Ordnet Bilder, Ausstellungstexte und Ausstellungsstücke zu.*

3 *Benennt in eurem Sachtext eine Person, die über den Schatz berichtet.*

4 *Legt Anfang und Ende eures Textes fest.*

5 *Verbindet die von euch gewählten Sachverhalte sinnvoll zu einem Text, der inhaltliche Zusammenhänge erkennen lässt.*

6 *Unterscheidet zwischen sicheren und wahrscheinlichen Sachverhalten. Verwendet Begriffe wie „gewiss", „ganz bestimmt", „sicher", „wahrscheinlich", „vermutlich", „denkbar", „möglicherweise", „vielleicht".*

So könnte euer Sachtext beginnen: „Im Jahr 1965 trug sich in Kortenbeck Spannendes zu. Man fand in einem Tongefäß …"

Ergebnisse präsentieren

Eine Schülerin hat ihre Ergebnisse in einem Plakat zusammengefasst. Eine andere Möglichkeit der Präsentation ist es, eine Wandzeitung zu gestalten (siehe Methode S. 114).

Methodenpraktikum: Das Altstädter Rathaus in Salzwedel

1 **Das Altstädter Rathaus in Salzwedel, 16. Jahrhundert.**

In Salzwedel gibt es viele interessante Bauwerke, die als Sachzeugnisse befragt werden können. Zum Beispiel das Altstädter Rathaus.
Um solche Sachzeugnisse zum Sprechen zu bringen, könnt ihr auch die Methode, die ihr auf S. 19 schon mal ausprobiert habt – „Bauwerke erkunden und erklären" –, heranziehen. Die Methodenschritte sind im Folgenden nochmals aufgeführt.

1. Schritt:
Erste Eindrücke beschreiben
- Haltet erste Eindrücke als Notizen, Zeichnung oder Foto fest: Lage, Wirkung.

2. Schritt:
Informationen sammeln
- Informiert euch über die Baugeschichte (Bibliothek, Touristeninformation, Internet).
- Wann wurde das Bauwerk begonnen? Nach welchen Vorbildern wurde es gebaut?

3. Schritt:
Den gesamten Bau und einzelne Teile erklären
- Erklärt ausgewählte Bauteile, Figuren und Symbole.
- Welche Bedeutung haben sie?
- Weshalb wurden sie hergestellt?
- Was wollten die Baumeister oder Künstler ausdrücken?

4. Schritt:
Eigene Meinung sagen
- Was gefällt euch ganz besonders?
- Was beeindruckt weniger?
- Was versteht ihr nicht, sodass ihr noch weitere Informationen einholen müsst?

2 **Das Wappen des Kurfürsten und Markgrafen von Brandenburg am Altstädter Rathaus.** Steinrelief.

Methodenpraktikum: Das Altstädter Rathaus in Salzwedel

3 **Die Christophorus-Figur am Altstädter Rathaus.** Steinrelief.

Ihr könnt eure Informationen nun dazu nutzen, kurz die Geschichte des Altstädter Rathauses aufzuschreiben. Dabei könnt ihr so vorgehen:

1 *Notiert in Stichworten die Ereignisse, Personen und Gegebenheiten, die in eurem Text vorkommen sollen.*

2 *Legt den Anfang und das Ende eures Textes fest.*

3 *Verbindet die von euch ausgewählten Sachverhalte sinnvoll zu einem Text, der inhaltliche Zusammenhänge verdeutlicht, z. B.*
- *Namensgebung,*
- *Darstellungsformen,*
- *Beziehung zu anderen Personen,*
- *mittelalterliche Vorstellungen.*

4 *Unterscheidet zwischen sicheren und wahrscheinlichen Sachverhalten. Verwendet Begriffe wie „gewiss", „ganz bestimmt", „sicher", „wahrscheinlich", „vermutlich", „denkbar", „möglicherweise", „vielleicht".*

Beschreibung:
- schönes großes Gebäude aus rotem Backstein
- zwei Stockwerke
- Giebel und Dachfenster sind besonders verziert (weiß und rot)
- bunt bemalte Figuren und ein Wappen am Giebel
- Lage: Altstadt Salzwedel

Baugeschichte:
- Informationen aus Befragung, Büchern, Internet
- Baubeginn 1509
- Baustil heißt „Backsteingotik" (roter Backstein, Bögen von Fenstern und Giebel wie bei Kirchen im Mittelalter sind spitz zulaufend)
- Im Mittelalter lag das Rathaus an der Kreuzung von zwei Fernhandelsstraßen (wichtig für den Handel der Stadt!).
- Bei einem schweren Brand in der Altstadt 1600 wurde auch das Rathaus beschädigt.
- wurde bis 1713 als Rathaus genutzt; seit 1885 Gerichtsgebäude
- Giebelfiguren: der heilige Christophorus. Bedeutung: Schutzheiliger der Furten (Flussübergänge). Die Handelsstadt Salzwedel lag im Mittelalter ebenfalls an einer Furt. Wie Christophorus Jesus sicher über den Fluss getragen hat, so soll er auch die Stadt Salzwedel beschützen.
- Wappen in der Nische ist das des Kurfürsten und Markgrafen von Brandenburg. Die Stadt Salzwedel gehörte zur Markgrafschaft Brandenburg. Das Wappen besteht aus vier Feldern: Adler, schwarze Rauten, schwarzes Tier im Sprung, Vogel, Schlüssel

Fragen:
- Was bedeuten die Tiere auf dem Wappen?

M1 Leons Notizen zum Altstädter Rathaus.

Beginnt euren Text so: „Das Altstädter Rathaus ist ein Sachzeugnis aus dem Mittelalter. Als Salzwedel im Mittelalter immer mächtiger wurde, bauten die Bürger der Altstadt ein prächtiges Rathaus. …"

Möglichkeiten zur Präsentation:
Nachdem ihr die Geschichte des Rathauses geschrieben habt, könnte sie auch auf einer Seite in einem Prospekt der Stadtinformation erscheinen. Eine weitere Möglichkeit wäre, sie auf der Internetseite der Schule zu veröffentlichen.

Altsteinzeit

Altertum

Jungsteinzeit

Bronzezeit

2,5 Millionen | 8000 v. Chr. | 3000 v. Chr.

8000 v. Chr. Erster Getreideanbau und erste Tierhaltung im Vorderen Orient

Bronzezeit

um 2200 v. Chr. Ausdehnung der Bronzetechnik bis Mitteleuropa

um 1600 v. Chr. Himmelsscheibe von Nebra

vor ca. 5 Mio. Jahren Vormensch entwickelt sich

vor ca. 2,5 Mio. Jahren Auftreten des Frühmenschen

vor ca. 130 000 Jahren Neandertaler in Europa

In der gesamten Altsteinzeit lebten die Menschen als Jäger und Sammler.

Ägypten

3000 v. Chr. Das Ägyptische Reich entsteht.

2500 v. Chr. Bau der großen Pyramiden

um 1340 v. Chr. Pharao Tutanchamun

v. Chr. Christi Geburt 200 400

Rom

753 v. Chr.	Gründung Roms (Sage)
510 v. Chr.	Beginn der Römischen Republik
um 250 v. Chr.	Rom ist stärkste Landmacht im Mittelmeerraum.
44 v. Chr.	Ermordung Caesars

31 v. – 14 n. Chr.	Herrschaft des Kaisers Augustus (Prinzipat)
117 n. Chr.	Größte Ausdehnung des Römischen Reiches

1.–3. Jh. n. Chr.	Errichtung des Limes
3. Jh. n. Chr.	Germanen dringen ins Römische Reich ein.

Vom Frankenreich zum Reich der Deutschen

722–804	Sachsenkriege
800	Kaiserkrönung Karls des Großen in Rom
814	Tod Karls des Großen

Reich der Deutschen

919	Wahl Heinrichs I. zum ersten deutschen König
936–973	Otto I.
950–1250	Romanische Kirchen und Klöster werden errichtet.
955	Sieg über die Ungarn auf dem Lechfeld
962	Otto I. wird in Rom zum Kaiser gekrönt.

1095	Papst Urban II. ruft zum Kreuzzug auf
1099	Eroberung Jerusalems

1200 1300 1400 1500

Leben im Mittelalter

seit dem 8. Jh.	Ausbreitung des Mönchstums; viele Orden, zahllose Klöster
800–1000	Aus der Mehrzahl der freien Bauern werden Unfreie.
seit 1096	Ausgrenzung und Verfolgung der Juden
10.–12. Jh.	Entstehung des Ritterstandes
12. Jh.	Im Reich der Deutschen gibt es 19000 Burgen.
12. und 13. Jh.	Aufstieg der Fürsten zu Landesherren/Besiedlung der Gebiete östlich der Elbe (Deutsche Ostsiedlung)

Städte in Europa

12.–15. Jh.	In Europa entstehen zahlreiche Städte.
seit 1300	Gotische Kirchen werden in ganz Europa errichtet.
1300–1400	Zünfte erkämpfen sich in zahlreichen Städten ein Mitspracherecht.

Gewusst wie ...

Internetrecherche

... und so wird's gemacht:

1. Schlagwort finden
Wenn ihr z. B. wissen wollt, welche Bedeutung Klöster im Mittelalter hatten, müsst ihr euch ein passendes Stichwort überlegen. Unter dem Stichwort „Mittelalter" erhaltet ihr sehr viele Hinweise, müsst aber endlos suchen, bis ihr bei eurem Thema seid. Wie könnte ein gutes Stichwort lauten?

2. Suchmaschine benutzen
Im Internet gibt es mehrere Anbieter von Suchmaschinen, bei denen ihr euer Stichwort nur eingeben müsst, dann durchforstet die Suchmaschine für euch alle Internetseiten. Ihr erhaltet dann eine Liste der passenden Internetseiten zu eurem Stichwort. Die bekanntesten Suchmaschinen sind: ***www.yahoo.de, www.lycos.de, www.google.de***.

3. Stichwort eingeben
Wenn ihr zu eurem Stichwort keine Einträge bekommt, solltet ihr die Rechtschreibung überprüfen. Wenn ihr euer Schlagwort falsch eingegeben habt, kann die Suchmaschine nichts finden. War dies nicht der Fall, so müsst ihr euch ein anderes Stichwort überlegen.Solltet ihr aber mehrere hundert Einträge angezeigt bekommen, so ist euer Stichwort zu allgemein. Versucht ein neues, genaueres zu finden oder gebt eine kombinierte Suche ein, indem ihr nach zwei Stichwörtern gleichzeitig suchen lasst.

4. Aus dem Angebot auswählen
Jetzt habt ihr eine Reihe von Einträgen und normalerweise stehen noch ein paar Angaben dabei. So könnt ihr einen Teil der Adressen gleich aussortieren, weil es hier nicht genau um das geht, was ihr gesucht habt. Die übrigen Seiten könnt ihr jetzt aufrufen, indem ihr die Internetadresse anklickt.

Ein Museum erkunden

... und so wird's gemacht:

1. Inhaltliche und organisatorische Vorbereitung
- Wählt ein Museum aus, das erkundet werden soll. Vereinbart einen Termin zur Erkundung.
- Stellt fest, welche Angebote das Museum für Schülerinnen und Schüler anbietet und ob ihr diese nutzen wollt (z. B. allgemeine Führung, thematische Führung, Aktionen und Projekte).
- Bereitet Fragen vor, z. B.:
  - Welche Objekte sind für die Lebenswelt des Spätmittelalters interessant?
  - Was wollt ihr darüber erfahren?
- Wie wollt ihr eure Ergebnisse während der Erkundung festhalten (Arbeitsblatt erstellen, Notizen machen)?
- Wer fotografiert die Exkursion?
- Wer begleitet die Erkundung?

2. Das Museum selbstständig entdecken und erforschen
- Teilt euch in Lerngruppen auf. Findet die Ausstellungsobjekte und dokumentiert, was ihr seht.

Setzt euch mit den Ausstellungstafeln auseinander und löst entsprechende Arbeitsblätter.

3. Auswertung des Besuchs
- Berichtet vor der Klasse über den Museumsbesuch und stellt dabei eure Erkenntnisse vor.
- Findet Antworten auf folgende Fragen:
  - Warum ist es wichtig, Dinge aus der Vergangenheit zu sammeln?
  - Was habt ihr durch die Erkundung für euch gelernt?
- Sichert eure Erkenntnisse (z. B. Wandzeitung gestalten, Informationstext für die Internetseite der Schule schreiben).

Bauwerke erkunden und erklären

... und so wird's gemacht:

1. Erste Eindrücke beschreiben
- Haltet erste Eindrücke als Bericht, Zeichnung oder Foto fest: Lage, Raumwirkung innen/außen, Fenster, Ausstattung (Altäre, Figuren, Malereien usw.).

2. Informationen sammeln
- Informiert euch über die Baugeschichte (Bibliothek, Internet, Pfarrer).
- Wann begonnen? Nach welchen Vorbildern?

3. Den gesamten Bau und einzelne Teile erklären
- Erklärt ausgewählte Bauteile, Figuren und Symbole.
- Welche Bedeutung haben sie?
- Weshalb wurden sie hergestellt?
- Was wollten die Baumeister oder Künstler ausdrücken?

4. Eigene Meinung sagen
- Was gefällt euch ganz besonders?
- Was beeindruckt weniger?
- Was versteht ihr nicht, sodass ihr noch weitere Informationen einholen müsst?

... arbeiten mit Methode

Einen Sachtext verstehen

Sachtexte zu lesen und zu verstehen, ist fast ein Kinderspiel – wenn ihr einige Regeln beachtet:

... und so wird's gemacht:

1. Schlüsselwörter notieren
Lest euch den Text mehrmals durch und schreibt euch einige wichtige Begriffe auf, deren Bedeutung euch nicht ganz klar ist.
- Informiert euch darüber in einem Lexikon oder im Internet.

2. Die W-Fragen stellen
Einen guten Überblick kann man sich verschaffen, wenn man die fünf W-Fragen stellt:
Wer? (Um wen geht es?) ...
Wo?
Wann? (möglichst genaue Zeitangabe)
Was?
Warum?

3. Text in Abschnitte gliedern
Versucht den Text in mehrere Abschnitte zu gliedern und findet für die einzelnen Abschnitte passende Überschriften.
Abschließend könnt ihr selbst noch einen kleinen Bericht über das Gelesene verfassen.

Quellentexte untersuchen

Möchte man über ein Ereignis etwas ganz genau wissen, dann geht man zurück zu den Quellen, also zu den Anfängen. Man liest z. B. die Texte, die zu jener Zeit geschrieben wurden, als das Ereignis stattfand. Die Berichte aus jener Zeit geben uns ein Bild von der Vergangenheit. Doch ist dieses Bild richtig? Entspricht der Bericht der Wahrheit oder enthält er Übertreibungen, einseitige oder gar falsche Darstellungen?
Man muss also auch Berichte aus früheren Zeiten genau überprüfen.

... und so wird's gemacht:

1. Fragen zum Text
- Wovon handelt der Text?
- Was steht im Mittelpunkt?
- Wie kann man den Inhalt kurz zusammenfassen?
- Welche Wertungen enthält der Bericht? Gibt es Übertreibungen oder ist er einseitig?

2. Fragen zum Verfasser
- Was wissen wir vom Verfasser?
- Kennt der Verfasser die Ereignisse aus eigener Anschauung?
- Welche Absichten verfolgt der Verfasser mit seiner Darstellung?
- Wie steht der Verfasser zu den Personen oder zu der Sache, über die er berichtet? Ist er neutral oder ergreift er Partei?

Sachzeugnisse untersuchen

... und so wird's gemacht:

1. Was kann man sehen?
Wie sieht das Sachzeugnis aus?
- Größe
- Form
- Farbe/Muster
- Material
- Qualität ...

Ihr könnt die Figur/das Sachzeugnis auch zeichnen.

2. Die Funktion des Sachzeugnisses erschließen
- Alter, Herkunft, Fundort und -zeit, Herstellungstechnik ermitteln
- Wozu wurde das Sachzeugnis genutzt?
- Welche Informationen liefert die Tafel zum Ausstellungsstück?
- Nutzt weitere Informationsquellen (z. B. Befragung der Museumsmitarbeiter, Bücher, Internet).

3. Welche Erkenntnisse kann man gewinnen?
- Welche Rückschlüsse lässt das Sachzeugnis zu, z. B. auf Verbreitung und das Leben, Arbeiten, Wohnen der Menschen in der Zeit?
- Wie ist das Sachzeugnis zeitlich einzuordnen?

Gewusst wie ...

Bilder untersuchen

... und so wird's gemacht:

1. Die Einzelheiten eines Bildes möglichst genau beschreiben
Beantwortet dazu folgende Fragen:
- Welche Personen sind dargestellt?
- Gibt es Personen, die deutlich größer gezeichnet werden als andere?
- Welche Tätigkeiten üben die Personen aus?
- Wie sind sie gekleidet?
- Gibt es Unterschiede in der Kleidung?
- Welche weiteren Gegenstände sind auf der Abbildung zu sehen?

2. Zusammenhänge erklären
- Beschreibt, wie das Verhältnis der dargestellten Personen zueinander ist.
- Gibt es Merkmale, die eine besondere Bedeutung haben könnten?
- Lässt die Abbildung Rückschlüsse auf bestimmte Tätigkeiten oder auch das Ansehen der dargestellten Personen zu?

3. Bilder zu demselben Thema miteinander vergleichen
- Gibt es noch andere Bilder zu diesem Thema? Welche Gemeinsamkeiten kann man auf vielen Bildern feststellen?
- Wie verändert sich die Darstellung zu diesem Thema im Laufe der Geschichte?

4. Weitere Informationen sammeln
- Wichtige Informationen finden sich häufig auch in der Bildlegende, z. B. wann das Bild gemalt wurde.
- Zusätzliche Informationen lassen sich manchmal auch mithilfe des Internets besorgen.

Geschichtskarten lesen und auswerten

Neben den geografischen Karten, die ihr aus dem Erdkundeunterricht kennt, gibt es auch Geschichtskarten. Um eine Karte richtig „lesen“ zu können, muss man sich vor allem die beigefügten Erklärungen (= Legende) ansehen. Eine Geschichtskarte will immer auf ganz bestimmte Ereignisse und Zusammenhänge hinweisen. Um eine Geschichtskarte zu verstehen, sollte man folgende Fragen stellen:

... und so wird's gemacht:

1. Welcher Raum ist dargestellt?
- Welche Flüsse, Meere oder Städte sind eingetragen?
- Welche heutigen Länder oder Hauptstädte liegen in dem dargestellten Raum?
- Wo findet sich auf dieser Karte Sachsen-Anhalt?
- Welche Ausdehnung hat das dargestellte Gebiet? (Achtet auf den Maßstab.)

2. Welche Zeit oder welche Entwicklung zeigt die Karte?
- Welche Zeitangaben finden sich in der Legende?
- Welche Veränderungen werden sichtbar? (Achtet auf die Farbgebung.)

Informationsvermittlung: Beispiel Wandzeitung

Eine Wandzeitung schaut der Betrachter im Stehen oder im Vorbeigehen an. Also: Wenige, überschaubare Texte, dazu einige, möglichst großformatige Abbildungen!

... und so wird's gemacht:

1. Informationen auswählen
Was ist wichtig, was kann weggelassen werden? Was soll als Text, was im Bild, Schaubild oder in einer Tabelle dargestellt werden?

2. Gestaltung
Wie soll die Schrift aussehen? Welche Bilder sind geeignet und wo werden sie angeordnet? Welche Zeichnungen, Tabellen oder Schaubilder sollen angefertigt werden und wohin sollen sie kommen?

3. Material
Welches Material wird benötigt (Tapete, Pappe, Stifte, Kleber, Heftzwecken, Stecknadeln, Scheren, Lineal usw.)? Wer besorgt es?

4. Arbeit verteilen und durchführen
Wer möchte Texte schreiben, Bilder ausschneiden und beschriften, Zeichnungen, Tabellen anfertigen usw.? Bilder, Texte usw. nicht sofort festkleben, sondern erst alles lose auflegen!

5. Präsentation
Wandzeitung aufhängen und den anderen Gruppen vorstellen (präsentieren).

Jugend- und Sachbücher

Das Reich der Deutschen unter Otto I.

- Geschichte mit Pfiff: Heft 8/1982 *Karl der Große und sein Reich. Als Europa einig war.*
- Thadden, Wiebke von: *Tiza im Königsbann. Unterwegs im Reich der Ottonen.* Beltz & Gelberg, Weinheim 2000.

- Dies.: *Brun, Geisel des Königs. Vom Frankenreich zum Reich von Aachen.* dtv junior, München 1993.

Alltag im Mittelalter

- Adelmeyer, Anette: *Das Leben im Kloster. Ein Benediktinermönch im Mittelalter.* Imhof Verlag, Petersberg 2007.
- Both, Anette: *Im Garten des Klosters im Mittelalter.* Imhof Verlag, Petersberg 2007.
- Both, Siegfried: *Die Schreibstube im Kloster des Mittelalters.* Imhof Verlag, Petersberg 2007.
- Corbishley, Mike: *Die Welt, aus der wir kommen. Das Buch vom europäischen Mittelalter.* Tessloff Verlag, Hamburg, 2. Aufl. 1992.
- Dragt, Tonke: *Der Brief für den König.* Beltz & Gelberg, Weinheim 2000.
- Grant, Neil: *Alltagsleben damals. Das Mittelalter.* Tessloff, Nürnberg 2002.

- Gravett, Christopher: *Ritter. Rüstungen und Waffen – Schlachten und Turniere.* Gerstenberg Verlag, Hildesheim 2007.
- Lenk, Fabian; Zimmer, Christian: *Der Mönch ohne Gesicht. Ein Ratekrimi aus dem Mittelalter.* Loewe, Bindlach 2002.
- Macaulay, David: *Es stand einst eine Burg.* dtv, München 1966.
- Parigger, Harald: *Der schwarze Mönch.* dtv, München 1998.
- Pierce, Tamora: *Die schwarze Stadt.* Arena Verlag, Würzburg 1999.
- Pleticha, Heinrich: *Ritter, Bürger, Bauersmann.* Arena Verlag, Würzburg, 2. Aufl. 1985.
- Sancha, Sheila: *Das Dorf. So lebte man im Mittelalter auf dem Lande.* Gerstenberg, Hildesheim 1983.
- Stephan-Kühn, Freya: *Viel Spaß im Mittelalter.* Arena, Würzburg, 4. Aufl. 2002.
- Wright, Rachel: *Ritter.* Egmont Franz Schneider Verlag, München 1992 (mit Anleitungen zum Spielen und Basteln).

Städte im Mittelalter

- Bentele, Günther: *Schwarzer Valentinstag.* Bertelsmann, München 2005.
- Hoffmann, Kristin; Buschau, Elke; Bianca Willmann (Illustrationen): *Abenteuer in Magdeburg 1232: Mattis und das Wunder der Spitzbögen. Eine spannende Entdeckungsreise zwischen mittelalterlicher Stadt und Dombaustelle.* hg. v. Kulturhistorischen Museum Magdeburg, Quadrat Art Verlag, Calbe 2009.
- Macaulay, David: *Sie bauten eine Kathedrale.* dtv, München 1986.
- Macdonald, Fiona: *Eine Kathedrale im Mittelalter.* Tessloff, Nürnberg 1998.
- Reiche, Dieter: *Der Bleisiegelfälscher.* Beltz & Gelberg, Weinheim 2005.
- Sancha, Sheila: *So lebte und arbeitete man in einem mittelalterlichen Handelszentrum.* Gerstenberg, Hildesheim 1988.
- Schweikert, Ulrike: *Das Jahr der Verschwörer.* Droemer/Knaur, München 2004.
- Wickenhäuser, Ruben Ph.: *Mauern des Schweigens.* Verlag G & G, Wien 1999.
- Zitelmann, Arnulf: *Unter Gauklern.* Beltz & Gelberg, Weinheim, 23. Aufl. 2007.

Lexikon

Abendland (Land der untergehenden Sonne = Westen) Bezeichnung für die europäischen Völker, die durch Antike und Christentum kulturell verbunden waren; Gegensatz zum Morgenland, dem Orient, und seinem Kulturkreis.
Abt, Äbtissin Der von Mönchen gewählte Vorsteher eines Klosters. Die von Nonnen gewählte Vorsteherin eines Frauenklosters wurde Äbtissin genannt.

Brache Damit der Boden sich erholen konnte, wurde ein Feld nicht bestellt, also nicht ausgesät, bearbeitet und geerntet.

Dreschen Herauslösen der Getreidekörner aus den Ähren. Danach mussten die Getreidekörner von der Spreu, einem nicht verwendbaren Teil des Getreides, getrennt werden.

Erosion Eine durch Wasser, Wind oder durch die Tätigkeit von Menschen (Abholzung, Überweidung, Entfernung schützender Hecken) verursachte Abtragung von Böden. Dadurch kann es zur Verringerung der Ernteerträge oder sogar zur Zerstörung von Böden kommen.

Franken Germanisches Volk. Der Name bedeutet „die Freien" oder „die Kühnen". Ihr Name wurde erstmals im 3. Jh. n. Chr. in römischen Quellen erwähnt.
Unter ihrem König Chlodwig I. entstand das Fränkische Reich, aus dem später das Ostfränkische und das Westfränkische Reich (Frankreich) hervorgingen. Das Ostfränkische Reich wurde später das „Heilige Römische Reich Deutscher Nation" bzw. das „Reich der Deutschen".

Furt Eine Untiefe an einem Fluss, die eine Überquerung möglich macht.

Geistliche Herrschaft Bischöfe und Äbte übernehmen für den König Verwaltungsaufgaben in großen Gebieten, die sie als Lehen erhalten.
Gerber Sie verarbeiteten Tierhäute zu Leder.
Getto Vom übrigen Stadtgebiet streng abgegrenztes Wohnviertel der Juden.
Grundherrschaft Herrschaft über das Land und die Menschen, die auf ihm wohnten. Bauern erhielten vom Grundherrn Land, Schutz in Notzeiten und die Befreiung von der Heeresfolge. Die Bauern mussten dafür Abgaben entrichten und Frondienste leisten.

Heide/Heidentum Abwertender Begriff für Nicht-Christen. Im Mittelalter war häufig die Vorstellung der „falschen" Religion damit verbunden und der Wunsch nach Bekehrung und Missionierung.
Hörige Bezeichnung für Bauern, die an das vom Grundherrn verliehene Land gebunden waren und bestimmte Abgaben und Dienste leisten mussten.

Islam (arabisch = heil, unversehrt sein) Die von Mohammed begründete Weltreligion.

Karl der Große (747/48–814) Karl übernahm 771 allein die Regierung des Frankenreiches. 800 wurde er in Rom zum Kaiser gekrönt.
Ketzer Menschen, die der amtlichen Kirchenlehre widersprechen.

Lehen (= Geliehenes) Im Mittelalter das Nutzungsrecht an einer Sache (Grundbesitz, Rechte, Ämter); es wird vom Eigentümer (Lehnsherr) an einen Lehnsmann übertragen. Der Lehnsmann verspricht dem Lehnsherrn dafür die Treue und bestimmte Leistungen.
Leibeigener Spätmittelalterlicher Begriff für einen unfreien Bauern mit besonders vielen Dienst- und Abgabeverpflichtungen und besonders geringen eigenen Entscheidungsmöglichkeiten. So waren Leibeigene an den Boden gebunden und durften nicht wegziehen; bei Verschenkung oder Verkauf des Bodens wurden sie mit weggegeben.
Lokatoren (von lateinisch *locus* = Ort, Stelle) Unternehmer, die im Auftrag der Landes- und Grundherren Dorf- oder Städtegründungen im Zuge der Ostkolonisation durchführten, Siedler anwarben und die Grundstücke verteilten. Sie wurden meist mit doppeltem Landanteil und besonderen Ämtern entlohnt.

Magdeburger Stadtrecht Durch die Abtretung der Rechte des Stadtherrn hatte nun jede Stadt die Wahl, ihre eigenen Bestimmungen und Vorschriften festzulegen oder bewährtes Stadtrecht anderer Städte zu übernehmen. Städte, deren Rechte von neuen Städten übernommen wurden, waren z. B. Lübeck, Köln, Nürnberg und – Magdeburg. Das Magdeburger Recht fand vor allem im osteuropäischen Raum Verbreitung.
Mönch (griechisch *monarchos* = allein, abgeschieden lebend) Angehöriger eines Männerklosters.

Lexikon

Nonne Angehörige eines Frauenklosters.
Novize, Novizin Mönch bzw. Nonne während der Probezeit zu Beginn ihrer Zeit im Kloster.

Patrizier Als Patrizier wurden die wohlhabenden Bürger, die auch zugleich Ratsherren waren, bezeichnet.
Pfalzen (lat. palatium = Palast) die wenigsten Pfalzen waren Paläste, sondern eher große und gut befestigte Höfe. Sie dienten den Königen und ihrem Gefolge als Unterkünfte, Verwaltungssitze und Gerichtsorte.
Pilger (lateinisch = in der Fremde sein) Eine Person, die aus religiösen Gründen eine Reise zu einem heiligen Ort unternimmt. Die Reise selbst nennt man auch „Wallfahrt", die Tätigkeit „pilgern". Die Pilgerreise wird oft zu Fuß unternommen.
Pogrom Gewalttätige Ausschreitungen gegen religiöse und nationale Minderheiten.
Privilegien Sonderrechte, Vorrechte.

Reichsinsignien Symbole der deutschen Königsherrschaft. Um König zu werden, musste der Thronanwärter im Besitz der Insignien sein: Reichskrone, Schwert, Reichsapfel, Reichskreuz. Heute werden die Insignien in der Hofburg in Wien aufbewahrt.
Ritterturnier Es gab drei unterschiedliche Formen des Turniers:
- den Buhurt, einen Massenkampf zwischen zwei gleich großen Heerhaufen;
- die Tjost, einen Zweikampf, bei dem die Gegner nach mehreren Runden vom Pferd absteigen mussten, um den Kampf zu Fuß und mit dem Schwert fortzusetzen;
- den Turnei, den Kampf zwischen zwei Gruppen mit stumpfen Lanzen; Sieger war die Partei, die die meisten Gegner aus dem Sattel werfen konnte.

Roland/Rolandsstatuen Rolandsstatuen sind in vielen Städten, die im Mittelalter entstanden sind, zu finden. Allein in Sachsen-Anhalt befinden sich 13 Rolandsfiguren. Der Ritter mit Schild und Schwert ist Sinnbild für die städtische Eigenständigkeit und die damit verbundenen Rechte. Zu diesen Rechten gehörten die Handelsfreiheit, das Marktrecht und die Gerichtsbarkeit.
Romanik („romanisch" von „römisch") Runde Bögen und die Gebäudeform der Basilika (Flachdecke) sind in den ältesten Kirchen zu finden. Sie sind den Palästen der römischen Kaiser abgeguckt. Zwischen dem 8.–12. Jahrhundert entstanden viele Kirchen im romanischen Stil.

Sachsen Zusammenschluss von westgermanischen Stämmen, der sich vermutlich im 3. Jh. n. Chr. bildete. Die Sachsen siedelten im Nordwesten des heutigen Deutschland (etwa im Gebiet des heutigen Niedersachsen, in Teilen Nordrhein-Westfalens und Sachsen-Anhalts.
Stadt Größere Siedlung von Händlern und Handwerkern mit eigenen Stadtrechten, z. B. Markt- und Münzrecht, eigener Gerichtsbarkeit und Recht der Selbstverwaltung.
Stadtmauer Bei feindlichen Angriffen besetzten und verteidigten die Bürger die Tore und die Stadtmauer. Für ihren Bau und den Erhalt erhob der Rat der Stadt eine Steuer. Da Steine sehr teuer waren, begnügten sich viele Städte mit dem Bau eines Stadtgrabens und mit Wallanlagen, die aus Erde und Holz bestanden.

Vasall (keltisch *gwas* = Knecht) Bezeichnung für einen Lehnsmann, der von einem Lehnsherrn abhängig ist. Es wird noch unterschieden zwischen Kron- und Untervasallen.

Zisterzienser 1098 als Orden begründet, benannt nach dem Kloster Citeaux in Burgund; bedeutendster Vertreter: Bernhard von Clairvaux; errichteten ihre Klöster in der Einöde und machten das Land urbar.

Register/Verzeichnis der Worterklärungen*

Register/Verzeichnis der Worterklärungen*

Textquellenverzeichnis

1. Das Reich der Deutschen unter Otto I.

S. 8: unbekannter Verfasser zitiert nach: Siegfried Epperlein, Karl der Große, VEB Deutscher Verlag der Wissenschaften Berlin 1971, S. 128

S. 9: Reinhold Rau (Hrsg.), Quellen zur karolingischen Reichsgeschichte. Wissenschaftliche Buchgesellschaft Darmstadt 1968, S. 179f.

S. 10: nach Widukind von Corvey I, cap 35, in: Geschichte in Quellen (= GiQ), Bd. 2, übers.von Wolfgang Lautemann, bsv München 1975, S. 140

S. 11: nach Widukind von Corvey II, cap 1,2 a. a. O., S. 146f.

S. 13: Fulbert von Chartres, ep. 112, Migne, Patrologia latina 142, S. 255f. zitiert nach: GiQ, Bd. 2, bsv München 1975, S. 359f.

S. 15: Widukind von Corvey, Sachsengeschichte, zitiert nach: Ausgewählte Quellen zur Deutschen Geschichte des Mittelalters, Freiherr vom Stein-Gedächtnisausgabe, hrsg. von Rudolf Buchner und Franz-Josef Schmale, übers. v. Paul Hirsch, Max Büdinger, Wilhelm Wattenbach, Bd. VII, Wissenschaftliche Buchgesellschaft Darmstadt 1992, S. 181 f.; Thietmar von Merseburg, Chronik, zitiert aus dem a. a. O.: Bd. IX, Wissenschaftliche Buchgesellschaft Darmstadt 1974, S. 83

S. 17: Autorentext

S. 20: Harald Rossa in: http://sachsen-anhalt-reisen.suite101.de/article.cfm/strasse_der_romanik

S. 22: Wiebke von Thadden, Tiza im Königsbann, © 2000 Beltz & Gelberg in der Verlagsgruppe Beltz, Weinheim & Basel, S. 73ff.

2. Mittelalterliche Lebenswelten

S. 29 Q1: Zit. nach: Fischer Weltgeschichte, Bd. 27., S. Fischer Frankfurt/Main 1965, S. 27, bearb. von Sigrid Metken

S. 31: Günther Franz (Hrsg.), Quellen zur Geschichte des deutschen Bauernstandes im Mittelalter, Freiherr vom Stein-Gedächtnisausgabe Bd. XXXI, Wissenschaftliche Buchgesellschaft Darmstadt 1967, S. 83ff.

S. 33: Hans Werner Götz: Leben im Mittelalter, C. H. Beck München 1986, S. 157

S. 34: zitiert nach: Otto Borst, Alltagsleben im Mittelalter. Insel Frankfurt/Main 1965, S. 318

S. 35: zitiert nach: Eike von Repgow, Der Sachsenspiegel, hrsg. von Clausdieter Schott, Übertragung des Landrechts von Ruth Schmid-Wiegand, 1966, Ldr. II 66&1

S. 37: nach Günther Franz, a. a. O., S. 83ff. – zitiert nach: GiQ, Bd. 2, Nr. 567

S. 42: Frei übertragen nach: Höfische Tischzuchten, nach den Vorarbeiten von Arno Schirokauer, herausgegeben und übersetzt von Thomas Perry Thornton (TMA, Bd. 4), Erich Schmidt Verlag Berlin 1957, S. 38ff.

S. 44: Wolfgang Schuerl, Burgen und Städte des Mittelalters, Verlag Kunstkreis Luzern/Stuttgart 1977, S. 102f.

S. 47: Heinrich Pleticha, Ritter, Burgen und Turniere. Arena, Würzburg 1963, S. 32ff.

S. 53: Christine de Pisan zitiert aus: M. Roy (Hrsg.), L'épître au dieu d'amours, Oeuvres poétiques, Bd. 2, Paris 1891, S. 1–27

S. 54: R. von Reims, Historien – Arno Borst (übers.), Lebensformen im Mittelalter, Ullstein Berlin 1988, S. 318ff.

S. 55: zitiert aus: Arno Borst, Joseph Fleckenstein (Hrsg.), Idee und Wirklichkeit der Kreuzzüge, Stahlmann Germering 1965, S. 19

S. 56: Wilhelm von Tyrus zitiert nach: Gottfried Guggenbühl, Otto Weiss (übers.), Quellen zur allgemeinen Geschichte, Bd. 2, Schulthess Zürich 1973, S. 264

S. 57: Fulcher von Chartres zitiert nach: Peter Milger, Die Kreuzzüge, Kriege im Namen Gottes, Bertelsmann München 1988, S. 223

S. 59: Ordensregeln des Hl. Benedikt zitiert nach: Franz Fässler (Hrsg.), Die großen Ordensregeln, Johannes Verlag Einsiedeln, Freiburg 1994, S. 149. f.

S. 60: Otto Zierer, BILD DER JAHRHUNDERTE, Arkaden Verlag GmbH Gröbenzell 1969, S. 73f.

3. Städte im Mittelalter

S. 68: Paul Ackermann, Wurzeln unserer Gegenwart, Bd. 2. Ehrenwirth München 1987, S. 46

S. 69: Heinrich Pleticha, Bürger, Bauern und Bettelmann, Arena Würzburg 1976

S. 70: Heinrich Pleticha, a. a. O.; Winfried Ackermann in: Geschichte in Geschichten – Wurzeln unserer Gegenwart – Ein Arbeitshefter für Geschichte, Bd. 2., E. C. Baumann KG. Kulmbach/Bayern 1956, S. 46

S. 71: Friedrich Keutgen (Hrsg.), Urkunden zur städtischen Verfassungsgeschichte, Neudruck der Ausgabe Berlin 1901. Scientia Aalen 1965, S. 133

S. 74: Josef Georg Widemann (Hrsg.), Regensburger Urkundenbuch, Bd. 1 Urkunden der Stadt bis zum Jahre 1350, München Wild 1912

S. 76: Ingeborg Seltmann, Frauenleben – Frauenarbeit, in: Praxis Geschichte, Westermann Braunschweig, 2 / 1994, S. 37

S. 77: Arno Borst, Lebensformen im Mittelalter. Ullstein Berlin 1979, S. 66

S. 78: Werner Ripper (Übers.), Von den bürgerlichen Revolution bis zum Imperialismus, Diesterweg Frankfurt Main 1973, S. 165

S. 79: Wolfgang Lautemann (Übers.), GiQ, Bd. 2, Nr. 682, 1965, S. 752

S. 81: Dietlof Reiche, Der Bleisiegelfälscher, © 1998 Beltz & Gelberg in der Verlagsgruppe Beltz, Weinheim & Basel

S. 83: Wolfgang Kleinknecht, Herbert Krieger (übers.), Das Mittelalter: Materialien für den Geschichtsunterricht, Handbuch des GU, Bd. 3, Diesterweg Frankfurt/Main 1978, S. 305

S. 84: Anita Siegfried, Auf der Gasse und hinter dem Ofen, Sauerländer Düsseldorf 1995, S. 40

S. 85: Wolfgang Lautemann (Hrsg.), Weltgeschichte im Aufriss, Bd. 2. Diesterweg Frankfurt/Main 1971, S. 73f.

S. 86: Autorentext

S. 92: Arnulf Zitelmann, Unter Gauklern, © 1980 Beltz & Gelberg in der Verlagsgruppe Beltz, Weinheim & Basel, S. 5ff.

4. Methodenpraktikum: Geschichte in Sachzeugnissen

S. 103: Danneil-Museum Salzwedel (Text der Ausstellungstafel: Ulrich Kalmbach)